大展好書　好書大展
品嘗好書　冠群可期

大展好書　好書大展
品嘗好書　冠群可期

武學名家典籍校注 4

陳微明

太極答問

陳微明 著 二水居士 校注

大展出版社有限公司

定價大洋一元二角

著者　陳微明

發行者　致柔拳社

印刷者　中華書局

代售處　棋盤街啟新書局
大馬路華德鐘表店
各大書坊

出版人語

武術作為中華民族文化的重要載體，集合了傳統文化中哲學、天文、地理、兵法、中醫、經絡、心理等學科精髓，它對人與自然和諧共生關係的獨到闡釋，它的技擊方法和養生理念，在中華浩如煙海的文化典籍中獨放異彩。

隨著學術界對中華武學的日益重視，北京科學技術出版社應國內外研究者對武學典籍的迫切需求，於二〇一五年決策組建了「人文・武術圖書事業部」，而該部成立伊始的主要任務之一，就是編纂出版「武學名家典籍」系列叢書。

入選本套叢書的作者，基本界定為民國以降的武術技擊家、武術理論家及武術活動家，而之所以會有這個界定，是因為民國時期的武術，在中國武術的發展史上占據著重要的位置。在這個時期，中、西文化日漸交流與融合，傳統武術從形式到內容，從理論到實踐，都發生了巨大的變化，這種變化，深刻干預了近現代中國武術的走向。

這一時期，在各自領域「獨成一家」的許多武術人，之所以被稱為「名人」，是因為他們的武學思想及實踐，對當時及現世武術的影響深遠，甚至成為近一百年來武學研究者辨識方向的座標。這些人的「名」，名在有武術的真才實學，名在對後世武術傳承永不磨滅的貢獻。他們的各種武學著作堪稱為「名著」，是中華傳統武學文化極其珍貴的經典史料，具有很高的文物價值、史料價值和學術價值。

首批推出的「武學名家典籍」校注第一輯，將以當世最有影響力的太極拳為主要內容，收入了著名楊式太極拳家楊澄甫先生的《太極拳使用法》、《太極拳體用全書》；武學教育家陳微明先生的《太極拳術》《太極答問》《太極劍》；一代武學大家孫祿堂先生的《形意拳學》《八卦拳學》《太極拳學》

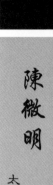

《八卦劍學》《拳意述真》。民國時期的太極拳著作，在整個太極拳發展史上占有舉足輕重的地位。當時太極拳著作，正處在從傳統的手抄本形式向現代著作出版形式完成過渡的時期；同時也是傳統太極拳向現代太極拳過渡的關鍵時期。這一歷史時期的太極拳著作，不僅忠實地記載了太極拳架的衍變和最終定型，而且還構建了較為完備的太極拳技術和理論體系，而孫祿堂先生的武學著作及體現的武學理念，特別是他首先提出的「拳與道合」思想，更是使中國武學產生了質的昇華。

這些名著及其作者，在當時那個年代已具有廣泛的影響力，而時隔近百年之後，它們對於現階段的拳學研究依然具有指導作用，依然被太極拳研究者、愛好者奉為宗師，奉為經典。對其多方位、多層面地系統研究，是我們今天深入認識傳統武學價值，更好地繼承、發展、弘揚民族文化的一項重要內容。

本叢書由國內外著名專家或原書作者的後人以規範的要求對原文進行點校、注釋和導讀，梳理過程中尊重大師原作，力求經得起廣大讀者的推敲和時間的考驗，再現經典。

「武學名家典籍」校注，將是一個展現名家、研究名家的平台，我們希望，隨著本叢書第一輯、第二輯、第三輯……的陸續出版，中國近現代武術的整體風貌，會逐漸展現在每一位讀者的面前；我們更希望，每一位讀者，把您心儀的武術家推薦給我們，把您知道的武學典籍介紹給我們，把您研讀詮釋這些武術家及其武學典籍的心得體會告訴我們。我們相信，「武學名家典籍」校注這個平台，在廣大武學愛好者、研究者和我們這些出版人的共同努力下，會越辦越好。

導讀

陳微明（一八八一—一九五八年），原名曾德，字慎先。讀《離騷》，慕屈原（名正則，字靈均）之為人，易名曾則，改字天均。湖北浠水人，出生在北京一個累世為儒的家庭。

他的曾祖父陳沆（一七八五—一八二六年），原名學濂，字太初，號秋舫，嘉慶二十四年己卯恩科（一八一九年）狀元，授翰林院修撰，出任四川道監察御史，還擔任過廣東省大主考，禮部會試考官等。秋舫先生「以詩文雄海內」，與魏源、龔自珍、包世臣等友善，交往甚密。

祖父陳廷經（一八〇四—一八七七年），字執夫，號小舫。從小隨父在京城時，師從魏源（一七九四—一八五七年）課讀，通經世大略，道光二十四年

（一八四四年）甲辰科進士。早年淡於仕進，樂江南山水，徜徉木瀆之間，五十始入都，供職擢御史，官至內閣侍讀學士，為人耿直，抨彈不避權貴，所劾去者有四督、五撫、六藩司。曾上書具陳邊疆各省制外夷之法，彈劾太監安德海奸佞驕橫。屢疏薦曾國藩、胡林翼、左宗棠諸人，才可大受。上書設立同文館、建江南造船廠等。晚年日課金剛經，精易數，感異夢，悟前身事，遂自號夢迦葉居士。

父親陳恩浦（一八五八—一九二二年），字子青，以國學生捐得中書科中書之職。母親周保珊（一八五四—一九二四年），字佩雲，係前漕運總督周恒祺家的千金。

微明先生，兩歲時隨家人回武昌生活。二十一歲時，與仲兄陳曾壽、三弟陳曾矩同舉湖北鄉試孝廉。二十四歲，髮妻范氏難產離世，同年，科舉廢止。一九一一年，辛亥革命爆發，舉家從武昌遷移上海，後又蟄居杭州，漂泊於北京、杭州、上海之間，顛沛流離，國變家難，歷經生活的種種磨礪，他的人生軌跡也由此發生了巨大的改變。

彷彿一夜之間，微明先生發現二十來年的奮發激勵，慷慨有為，統統被時代的洪流蕩滌殆盡，他的心思一下子變得虛空寧寂，他不想再向前去往哪裡，也不知道哪裡才是他應該去的地方；他覺得自己已經在這人世間來來往往走了好幾遍，卻並不知道哪裡才是自己最後的歸宿。

莊子的「寥已吾志，無往焉而不知其所至，去而來而不知其所止，吾已往來焉而不知其所終」句，「不知其所至」「不知其所止」「不知其所終」，三個不知，三個疑問，徹底地讓他反思自己以往的人生之路，也由此深深觸動了微明先生的靈魂，從此他以「寥志」為號，內心也開始由儒學而逐漸轉入了老莊之道。

他曾在杭州求是書院，擔任過輿地學教授，在北京京師五城學堂教過《左傳》，去優級師範學校教過國文諸子學。他還擔任過清史館編修，在嚴復家做過家教，也在胡雪巖的侄兒胡藻青家做過家教。

後來遇到完縣孫祿堂先生，學得形意拳、八卦掌，遇到永年楊澄甫先生，學得太極拳。從此，太極拳開始真正改變他的一生。

後來，他取《老子》「將欲歙之，必故張之，將欲弱之，必故強之」句，以「微明」自號，鬻拳江湖，取《老子》「專氣致柔」之意，於一九二五年在滬上創立「致柔拳社」。從此，微明先生以文入武，以武入道，乃至最終走上性命之學的踐行之路。

致柔拳社創立以來，社員從十幾人、數十人，發展到數百人、數千人；拳社位址，也隨著拳社規模的擴充，從原先的福煦路民厚里六百零八號，遷入李誦清堂路二百二十五號，再遷址至七浦路二百八十八號，乃至最後長期租借西藏路四百八十號寧波旅滬同鄉會，各類專項培訓班、分社也應運而生。

譬如山西路二二五號及西武昌路十四號，開設的女子體育師範班、蘇州大郎橋巷二十六號陸宅開設的致柔拳社蘇州分社、愚園路十六號的女子國術社、莫干山菜根香飯店後所設立的致柔拳社莫干山分社、致柔拳社廣州分社等等，前後師從他學拳的人不下萬人。

滬上工商界、文藝界精英、黨國政要，乃至市井商賈、負販狗屠，彙聚在他的拳社，「自貴人達官、文儒武士、工商百業、僧道九流、輿台廝卒、中外國之士女從之遊者，無慮數千人」，「陳微明」三字，幾乎成了滬上、乃至大江南北喜好太極拳者所心儀之名號，「致柔拳社」的招牌也成為他們所神往的聖殿。

吳志青《太極正宗》一書盛讚微明先生：「廣事授徒，大有孔門之盛況，並著《太極拳術》一書風行全國。蓋此時代，可謂太極拳之黃金時代也。」

孫祿堂先生在滬上，曾公開對武術界各派人士說，倘若不是陳微明創立致柔拳社，提倡武術，怎麼可能有而今這樣發達的局面呢，「吾人皆應感激微明之意也」。陳微明先生與他的致柔拳社，為民國年間開太極拳之盛，厥功至偉。

分別刊行於一九二五年、一九二八年、一九二九年的《太極拳術》《太極劍》《太極答問》三書，是微明先生總結拳學理論以及教學經驗而編著的教材。在微明先生看來，內家拳，術技也，而源於道，「明乎道者，其學易而功深，非魯莽躁急者，所能強為也」，尤其是此太極拳三冊專著，闡明「專氣致柔」之旨，動靜交修之法，書成風行，一版再版，洛陽紙貴，成為當時太極拳界經典的拳學著作。

《太極拳術》，由鄭孝胥題簽書名。版權頁署：著者陳微明，發行者致柔拳社，印刷者為中華書局。代售處為：大馬路華德鐘錶行、棋盤街啟新書店及各大書坊。版權頁不署版次，所以無從確知初版的年月以及再版的版數。

孫紹濂序言稱：「先生蓄道德，能文章，曾任清史館纂修，以楊先生口授之太極拳，筆述成書，多所闡發，稿贈楊先生以酬答之。楊先生藏之數年，不以付梓。余與秦君光昭、王君鼎元、岑君希天聞之，請先生慫恿出之，以傳於世。先生書往，楊先生欣然寄稿，並圖五十餘幅。」

由此看見，此書應該是微明先生在北京，向楊澄甫老師學拳時所編著，原本是為報答楊澄甫授拳之恩，而將書稿贈予楊澄甫老師的。後來一方面因為楊澄甫老師得此稿後，也沒有出版的計畫，另一方面，微明先生在滬上開設致柔拳社之後，學員也急需教材，孫紹濂與秦光昭、王鼎元、岑希天等早期的學員，就「請先生慫恿出之」。於是微明先生寫信給楊澄甫後，楊澄甫老師便將書稿寄了回來，並且還附上了楊澄甫老師五十餘幅中年拳照。由此可知「乙丑六月」（一九二五年六月），應該是微明先生收到楊澄甫老師書稿的時間。

一九二五年十月三日，《申報》刊陳志進先生撰稿的新書出版預告，云：「太極拳術，為卻病延年最無流弊之運動，自廣平楊露禪先生至京師傳授弟子，學者漸多。然中國武術傳授之際，師徒之分極嚴，心有不明，不敢問也。必須為師者高興之時，為弟子說其大意。楊少侯嘗言，往往年餘只能見其伯父班侯練習拳架一次，實難以揣摩。故楊氏所授之弟子，派衍流傳，其拳架又微有出入，蓋已不能得其正確之姿勢也。惟健侯幼子澄甫，因鍾愛，故極用心教授之。故欲學太極拳之正確姿勢，當以澄甫之拳架為準。以其開展中正，處處動腰，無微不到也。

陳微明君從學於澄甫先生，精研者七八載。而近世風氣與前大不相同。往時學拳者，多屬不字之輩。只知下苦功，不知用腦力。太極拳精微奧妙，非用腦力，不能得其深意。微明君以文人，注意於此，澄甫又加以青眼。問省既格外詳細，傳者自不能不悉心指導。微明遂將澄甫先生口授之太極拳術，筆之於書。又請澄甫親自攝影，其缺者，微明又補照之，又與余合攝推手之圖，共六十餘幅，加以說明，至詳且盡。又將王宗岳《太極拳論》，詳加注釋，微妙之理，發釁無餘。現付中華書局刷印，不日即可出版。余知此書之出，拳術界當放一大光明也，特不憚煩，介紹於世之好武術者。」

一九二五年十月十九日，《申報》接杭州中華書局來函，發佈「武當嫡派《太極拳術》出版」的書訊，稱：「此書乃廣平楊澄甫口授，鄂陳微明筆述，內有鋼版圖式六十餘幅，加以說明，至精至詳。後附王岳宗《太極拳論》，微明君注釋，微妙之理，發揮無餘。前有馮蒿庵、朱古徽、王病山、陳散原諸名人題詞，誠內家拳術最有價值之書也。實價八角。總發行處：西摩路北致柔拳社。分售處：北京路佛經流通處、棋盤街中華書局及各大書坊。」

由此可證，初版時間為一九二五年十月三日至十月十九日間，初版的書價為大洋八角。

此次校釋，就太極拳動作描述部分，只是糾正了動作與照片不符處，另外對於文字描述容易誤讀、誤解處，稍加注釋說明，其他一依原著。讀者倘若想進一步研討楊澄甫老師的拳勢變化，可以將此本與許禹生的《太極拳勢圖解》和楊澄甫的《太極拳使用法》兩書，相互參閱。

後附王岳宗《太極拳論》，微明先生的注釋，由於語境的變化，便於現今的閱讀習慣，二水適當添加了自己的一些拳學體悟。後輩如我等，無緣得窺微明先生手姿，無緣秉受微明先生親炙，「貂不足，狗尾續」，在所難免焉。

微明先生以為，太極拳的拳技原理，契合老子《道德經》的精髓，所以，他將老子《道德經》中與太極拳拳技原理相吻合的經典論說，逐一摘錄，並以太極拳的講論予以微顯闡幽，名之為《太極合老說》。二水參合自身的拳學體悟，略作詮釋，讀者諒不以續貂為唐突也。

《太極劍》，由鄭孝胥題簽書名，李景林題寫「劍光凌雲」，吳江錢崇威、涇縣胡韞玉、求物治齋主人黃太玄作序。後附太極長拳及太極拳名人軼事。另有陳志進著「太極拳與各種運動之比較」「太極拳之品格功用」兩文。此書版權頁署：著者陳微明，發行者致柔拳社，印刷者中華書局。代售處為：中華書局及各大書坊。

此書出版後，微明先生弟子嚴履彬，曾遵師囑，對《太極劍》數勢，都有補正。一九五九年十月微明先生弟子梁溪榮如鶴先生，從嚴履彬贈貽同學張海東的抄本中，抄錄後，贈貽李祖定。李祖定係微明先生女婿，他與微明先生女兒陳邦琴夫婦兩人，曾從家師慰蒼先生學習太極拳，復將此補正稿，抄贈家師。此次校釋，將嚴履彬補正的數勢一一予以補入。另外糾正了胡樸安先生序言中所引顏習齋「折竹為劍舞」事。並將《考工記》《典論・自序》《顏習齋先生年譜》《顏習齋先生傳》等相關資料一一補入，以供談助。

微明先生曾得李景林武當對劍之法相授，他曾希望等待他「習之精熟，再述為書，以餉世人」，可惜哲人已逝，斯技亦已空谷幽蘭。此次校釋，二水以武當對手劍中「擊、崩、點、刺、抽、帶、提、格、劈、截、洗、壓、攪」十三勢，以釋解微明先生劍勢中相應的式勢，雖未能一酬其幽蘭之芬芳，亦合掌作拍，以期空谷之迴響也。

《太極答問》，由微明先生自己題簽書名。版權頁署：著者陳微明，發行者致柔拳社，印刷者中華書局。代售處為：棋盤街啟新書店、大馬路華德鐘錶行、各大書坊。版權頁也無版次印數。李景林題寫「剖析毫芒」，褚民誼題寫「柔能克剛」，微明先生自序。

內容以問答形式，分作「太極拳源流之補遺及小說之辯正」「太極拳之姿式」「太極拳之推手」「太極拳之散手」「太極拳之勁」「太極拳之導引及靜坐法」「學太極拳者之體格及成就」「太極拳之效益」「太極拳之單式練法」

等幾大類，就初學者相關問題，逐一加以詳細解答。

尤其是「太極拳之推手」一節，微明先生首次簡要地為「聽勁」下了一個定義：「知覺對方用力之方向、長短，謂之聽勁」。從此「聽勁」一詞，成為太極拳推手訓練中，最為經典的理論。

後附「致柔拳社簡章」「致柔拳社出外教授簡章」「致柔拳社三年畢業課程」，實係研究致柔拳社重要的文獻資料。

一九二九年十月三十一日，《申報》刊發此書廣告：「致柔拳社社長陳微明君，近著《太極答問》一書，對於太極拳精妙之意，闡發無遺。其目錄分為源流、事實、姿勢、推手、散手、導引、靜坐、練太極拳者之體格、效益、單式練法、多種單式練法，專為遠方不能入社者而作，為全國人普及練習，無師而可以明瞭，實具絕對之熱心。聞此書業已付印，不久即可出版云。」

由此可證初版應該在一九二九年十一月間。而從此書六屆畢業生名錄可證，此本係一九三五年十一月刊行的第四版。

一九三五年十一月十四日《申報》載：「陳微明著《太極拳術》《太極答問》《太極劍》等書，出版以來，風行全國。現又四版出書。《太極拳術》增圖百數十幅，與電影無異，為學太極拳者最好之模範。《太極答問》，內分姿勢、推手、散手、論勁、靜坐等目，於太極拳之精微，闡發無遺，欲深造者，不可不看。並有單式練法，可以無師自習。《太極劍》附有名人軼事，最饒興趣。默新書局、千頃堂、中華照相館，及致柔拳社有寄售。」

此次校釋，補充了雍正曹秉仁纂修《寧波府志》、黃宗羲《南雷文定集》之王征南墓誌銘、黃百家《學箕初稿》中的《王征南先生傳》《三豐全書》拳技派、《太極功源流支派論》中的許宣平、夫子李、程靈洗、宋仲殊等資料，以及《俠義英雄傳》所載楊班侯事，以助談資。

涉及太極拳技、推手等答問，二水也參合自身的體悟，多有闡發。並將後附之「致柔拳社社員姓名錄」、「出外教授姓名錄」、第一屆至第六屆畢業生姓名、「蘇州分社社員姓名實錄」「廣州分社姓名錄」「廣州公安局」「廣州總司令部」等之名錄中，姓名稽考者，一一加以補注，對於研究致柔拳社歷史，實係不可或缺的資料。

微明先生自創立致柔拳社以來，教學相長，在傳授拳藝的同時，他也深受致柔拳社社員，諸如關絅之、江味農、謝泗亭、沈星叔、趙雲韶、釋常惺、陳元白、趙炎午、歐陽正明、持松等滬上佛學居士、高僧大德的耳聞目染，微明先生由此開始接觸佛學。

他先後與金山活佛妙善法師、白普仁喇嘛結緣，一九三七年逢能海上師來滬上設金剛道場，微明先生「受戒因緣到」，由此而皈依佛學。趙樸初先生也在微明先生的致柔拳社與佛學結緣，並且結識了微明先生的侄女陳邦織，兩人緣結並蒂，牽手走完一生。

微明先生於學，無所不窺，自小學經史諸子，百家之言，旁及內典道藏，天文輿地曆算，法帖圖畫之書，無不窮究。他喜好古文辭，出入周秦兩漢唐宋諸大家，輔加他醇厚的德性，超遠的襟懷，他的文辭，感人至深。

所著《清宮二年紀》《慈禧外紀》《歐洲戰紀初編》《歐洲戰紀二編》《文體講義》《訓詁講義》《音韻講義》等書，皆風靡一時。

定居滬上後，又相繼出版《海雲樓文集》《御詩樓續稿》《雙桐一桂軒續稿》，多收抒發哀慕之思、師友親情之作，其時國學大家，諸如番禺梁節庵、桐城馬通伯、義寧陳散原、嘉興沈寐叟等先生，對其至情至性之作，多加贊許。

早年的國變家難，讓微明先生由儒學而轉入老莊之道。晚年的生活閱歷，又讓微明先生由老莊而醉心佛學。

一九五八年九月二日（農曆七月十九），微明先生走完了他的性命踐行之路，在上海永嘉路寓所安詳示寂，滿屋檀香，經日不散。誠如楊氏太極拳老拳論三十二目之《口授張三豐老師之言》所云：「予知三教歸一之理，皆性命學也。皆以心為身之主也。保全心身，永有精氣神也。」

微明先生出入於三教，而究竟於太極。文修於內，武修於外，由文而入武，由武而入於道，文思安安，武備動動，允文允武，最終「盡性立命，窮神達化」，為後世學者探索了一條性命之學的踐行之路。

太極答問

附單式練法

剖晰毫芒

李景林題

李景林

剖晰毫芒①

李景林② 題

【注釋】

①剖析毫芒：或作「析毫剖芒」「析毫剖厘」，意指分析事物窮幽極微，至纖無際。語出《文子・道原》：「夫道者，陶冶萬物，終始無形，寂然不動，大通混冥，深閎廣大不可為外，析毫剖芒不可為內，無環堵之宇，而生有無之總名也。」

②李景林（一八八五—一九三一年）：字芳宸，直隸棗強人，民國將領，武術家。畢業於保定北洋陸軍速成武備學堂，歷任奉系軍長、直隸軍務督辦、直隸省長等職。幼承父藝，從學技擊，早年嫻熟燕青門、二郎門等武技，後師從武當道士陳世鈞學習武當對劍。與張之江籌組中央國術館，任副館長。一九二九年應張靜江之聘，籌備「浙江國術遊藝大會」，並擔綱浙江國術遊藝大會評判委員長。一九三一年受邀組建山東國術館，同年十一月十三日逝世。陳微明作《祭李芳宸將軍文》。

為微明先生所著

柔能克剛

太極拳答問

褚民誼書

為微明先生所著
柔能克剛

太極拳答問 褚民誼①書

【注釋】

①褚民誼（一八八四—一九四六年）：字重行，南潯人。一九〇四年東渡日本求學，後隨張靜江赴法國，加入同盟會，獲醫學博士後回國，與陳璧君義妹陳舜貞結婚。歷任國立中山大學代理校長、任北伐軍軍醫處處長、南京國民政府行政院秘書長等職，兼任上海中法國立工學院院長。一九三九年，加入汪偽政權。抗戰勝利後，以漢奸賣國罪被懲處。

褚民誼喜好京劇、昆曲，宣導踢毽子、放鷂子等傳統健身活動，倡導國術，精於太極拳，創太極操、太極棍和太極球等強身拳法，曾任全國國術協會會長。編著《太極操》《國術源流考》《褚民誼先生武術言論集》《康健指南》等。

楊少侯先生遺像

戊辰四月初九日致柔拳社三週紀念公祝張三丰祖師壽誕攝影

楊澄甫先生

著者　陳微明

己巳年致柔拳社四週紀念攝影
孫祿堂楊少侯楊澄甫吳鑒泉褚民誼諸先生均到會

致柔拳社女社員攝影

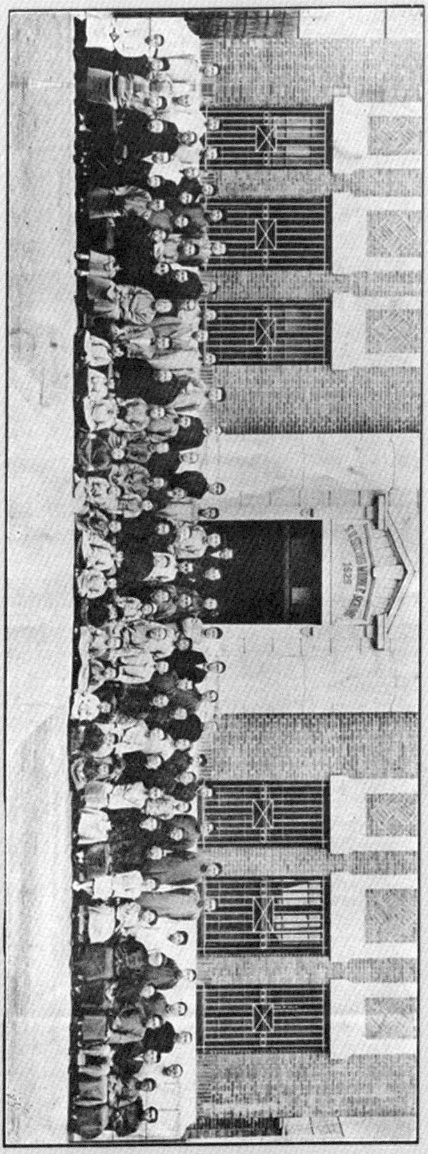

致柔拳社五週紀念社員攝影

致柔拳社恭祝張三丰祖師壽誕紀念攝影

目錄

【注釋】

①太極拳源流之補遺與小說之辯證：後文章標題為「太極拳源流之補遺及小說之辯證」。依據原文，目錄與章標題有不統一處，皆保留原貌。後同，不另注。

序

余從永年楊澄甫先生學太極拳八年，以資質魯鈍，故有所疑，輒喜請問。先生亦不憚煩①，諄諄誨余。中間先生南遊，余曾從少侯②先生學三月，亦頗聞其緒論③。

乙丑來滬，創辦致柔拳社，教授太極拳。當時太極拳之名，知者尚鮮。不謂四年以來，風發雲湧，學者必太極拳之是學，教者必太極拳之是教，浸浸乎盛矣④。或謂余太極南來，先鋒當屬之君，余何敢當哉。

太極拳之普及興盛，可以強種國，固足欣幸⑤。然又恐其氾濫而失其本源，流動而忘其規矩，溷雜而違其精意，是不可不慮也⑥。爰以平日聞諸先生之講說，作為問答若干節，聊以貢於有心於太極者⑦。所不知者，不敢言也。

再者每得各方賜書，問函授之法⑧。太極拳運轉圓曲，綿綿不斷，口傳手授，尚難得其準則，何能以筆墨形容。

然昔許宣平，傳三十七勢，本是單式練法。今師其意，將太極拳中最要之式擇出，為單練式，詳細敘說，加以圖式，較為簡易可明，雖不連貫，其有益於卻病延年，無絲毫之異也。

已巳⑨秋　陳微明　識於吉祥輪室⑩

【注釋】

①不憚煩：不怕麻煩。

②少侯：楊兆熊（一八六二—一九三〇年），字夢祥，晚字少侯，楊露禪嫡孫，楊健侯之長子，人呼「大先生」。性情矜傲剛烈，好飲酒，醉則往往出言不遜。遇貧富貴賤若一，故人多忌之者。年益高，而拳法逾緊密，出手短，而意則遠；勢若止，則神欲行；倏喜倏怒，若貓之捕鼠，若鶻之搏兔。自幼從乃伯楊班侯傳家技，跌班侯高徒萬春於門扉，門扉皆為之震壞，得班侯遺風。民國十七年（一九二八年）南下南京、上海、杭州。民國十九年

（一九三〇年）初，受民國政府交通部長王伯群延請，客其南京官邸。二月間，即傳聞以自裁而謝世，其弟楊澄甫聞訊從滬趕赴南京，已入殮移柩。坊間傳以「宰羊（楊）」說，以隱喻少侯被害於王伯群寓所事，曲折原委，至今成謎。

③緒論：言論。

④不謂四年以來……浸浸乎盛矣：從民國乙丑（一九二五年）創社，到今民國己巳（一九二九年），不料四年以來，像是疾風勁吹、雲彩翻湧一樣，想學拳的人，必定把太極拳作為他們正確的選擇；教拳的人，也必定選太極拳作為他們必教的科目，太極拳的風氣，越來越興盛了。

⑤或謂余……固足欣幸：有人稱讚我說，太極拳由北向南傳承過程，急先鋒非我莫屬。我怎麼敢當這個稱謂呢。太極拳的普及與興盛，可以增強民族自尊心，可以增強全民族的體質，進而國強民健，就這一點，足以讓我欣慰的了。

⑥然又恐其氾濫……是不可不慮也：然而，繁榮的景象之中，我又怕因為傳習者漫不經心，而失去其本質，找不到源流；我也怕傳習者浮泛濫觴，而忘記了身形意氣應有的規矩與法度；我又怕清濁渾漫，溷雜不辨而違背了太極拳精深誠意的旨意，這些都是我不得不擔憂的問題。

⑦爰以平日聞……有心於太極者：於是，我就將平素裡從各位老師那裡聽到的，有關太極拳的種種講解論說，以一問一答的形式，分作若干章節，姑且奉獻給各位有志於太極拳研究的人。

⑧再者……問函授之法：另外，我常常收到各地寄來的書信，向我詢問函授太極拳的方法。

⑨已巳：當作「己巳」。

⑩吉祥輪室：一九二五年七月，關炯之、聞蘭亭等發起金光明法會，以祈禱全國和平，推選程雪樓為會長，施省之、王一亭為副會長，在上海愛文義路（今北京西路）南園，敦請白普仁喇嘛（一八七〇——一九二七年）南下傳法。微明先生入內壇聽經，受白普仁喇嘛加持、灌頂，授得「嗡、嘛、呢、叭、咪、吽」六字大明簡法及白傘蓋眞言。白傘蓋，又稱白傘佛頂、白傘蓋佛頂輪王，釋迦之眷屬，以白淨慈悲之傘蓋護覆衆生為本誓，左手執蓮花，蓮上有白傘，一如吉祥法輪。微明先生以吉祥輪室名其齋，作《記白普仁喇嘛》《憶普仁妙善二師》記其事。

太極拳源流之補遺及小說之辯正

問：太極拳果是張三豐①所傳乎？

答：《寧波府志》載有拳術名目②，雖未明言是太極拳，然其中與太極名目同者甚多。黃黎洲所作《王征南墓誌銘》③，述三豐傳授源流甚詳，中間曾傳之寧波葉繼美等，故《寧波府志》載之也。然則，太極拳，自可斷定是三豐所傳無疑。

【注釋】

①張三豐：歷史上關於「張三峯」「張三峰」「張三豐」的稱呼、其究竟係何朝代人、籍貫何處，都莫衷一是。現多用「張三豐」。太極拳之於張三豐，就像是木作百工之於魯班；梨園之於唐明皇；典當、卜卦、絲紡、糕作之於關羽關老爺；華夏民族之於炎黃始祖。

這是一份文化的積澱與精神慰藉。我們知道，河姆渡文明就已經有了經典的木作構件；遠在唐明皇之前，夏商周時期，我們的舞蹈藝術已經達到非常高的水準；關羽關老爺也未必是典當、卜卦、絲紡、糕作業的創始人；炎黃始祖，未必與我們每個人的基因有關聯性。但是，這一切，不影響我們對於魯班，對於唐明皇，對於關老爺，對於炎黃始祖的精神皈依。

就像是太極拳，雖然我們至今還不清楚，究竟是什麼年代，究竟是誰第一個將一門拳技形式，稱作了太極拳。作為一門精妙的內功拳藝，一定是需要千百年的文化積澱；作為高深的太極理論，也一定是經歷了千百年的文化演進；作為太極拳經典標誌的太極圖，也一定是經歷了千百年中外文化的交融與碰撞。

但無論如何，這一切的一切，張三豐之於太極拳，就始終像是一份揮之不去的情結，不是誰想否定，就能否定得了；誰想漠視，就能漠視得了的。

究其太極拳的傳承源流，就像是傳統大宗族的續修家譜，顯然，我們只能從自身出發，找父輩，再找祖輩、曾祖輩……一代代溯流而上，追探其本，而不能從炎黃始祖開始，一代代往下順流下來，這樣就會迷失自己的家園。

追溯太極拳的傳承源流也一樣，我們不妨從自身的拳技流派出發，由下而上一輩一輩、一代一代地追尋先祖，而不能一味地好古敏求，貿然地從許宣平或李道子等仙流，一代代地往下找尋自己的身影，這樣一定會迷失自己。

②《寧波府志》載有拳術名目：雍正曹秉仁纂修《寧波府志》卷三十一藝術載：

張松溪，鄞人，善搏，師孫十三老。其法自言起於宋之張三峰。三峰為武當丹士，徽宗召之，道梗不前，夜夢元帝授之拳法，厥明以單丁殺賊百餘，遂以絕技名於世。由三峰而後至嘉靖時，其法遂傳於四明，而松溪為最著。

松溪為人恂恂如儒者，遇人恭敬，身若不勝衣，人求其術輒遜謝避去。時少林僧以拳勇名天下，值倭亂，當事召僧擊倭，有僧七十輩，聞松溪名，至鄞求見，松溪蔽匿不出，少年慫恿之，試一往，見諸僧方校技酒樓上，忽失笑，僧知其松溪也，遂求試，松溪曰：「必欲試者，須召里正，約死無所問。」許之，松溪袖手坐，一僧跳躍來蹴，松溪稍側身，舉手送之，其僧如飛丸隕空墮重樓下，幾斃，衆僧始駭服。

嘗與諸少年入城，諸少年閉之月城中，羅拜，曰：「今進退無所，幸一試之。」松溪不得已，乃使諸少年舉圜石可數百觔者累之，謂曰：「吾七十老人無所用，試供諸君一笑，可乎?」舉左手側而劈之，三石皆分為兩，其奇異如此。

松溪之徒三四人，葉近泉為之最。得近泉之傳者，為吳昆山、周雲泉、單思南、陳貞石、孫繼槎，皆各有授受。昆山傳李天目、徐岱岳；天目傳余波仲、陳茂弘、吳七郎；雲泉傳盧紹岐；貞石傳夏枝溪、董扶輿；繼槎傳柴元明、姚石門、僧耳、僧尾；而思南之傳則有王征南。征南名來咸，為人尚義，行誼修謹，不以所長炫人。

蓋拳勇之術有二，一為外家，一為內家。外家則少林為盛，其法主於搏人，而跳踉奮躍，或失之疎，故往往為人所乘。內家則松溪之傳為正，其法主於禦敵，非遇困危則不發，發則所當必靡，無隙可乘，故內家之術為尤善。其搏人必以其穴，有暈穴，有啞穴，有死穴，相其穴而輕重擊之，無毫髮爽者。其尤秘者，則有敬、緊、徑、勁、切五字訣，非入室弟子不以相授，蓋此五字不以為用而所以神，其用猶兵家之仁、信、智、勇、嚴云。

③《王征南墓誌銘》：黃宗羲《南雷文定集》之王征南墓誌銘：

少林以拳勇名天下，然主於搏人，人亦得以乘之。有所謂內家者，以靜制動，犯者應手即仆，故別少林為外家。蓋起於宋之張三峰。三峰為武當丹士，徽宗召之，道梗不得進，夜夢玄帝授之拳法，厥明，以單丁殺賊百餘。

三峰之術，百年以後，流傳於陜西，而王宗為最著。溫州陳州同從王宗受之，以此教其鄉人，由是流傳於溫州。嘉靖間，張松溪為最著。松溪之徒三四人，而四明葉繼美近泉為之魁。由是流傳於四明。四明得近泉之傳者，為吳昆山、周雲泉、單思南、陳貞石、孫繼槎，皆各有授受。昆山傳李天目、徐岱岳。天目傳余波仲、吳七郎、陳茂弘。雲泉傳盧紹岐。貞石傳董扶輿、夏枝溪。繼槎傳柴元明、姚石門、僧耳、僧尾。而思南之傳，則為王征南。

思南從征關白，歸老於家，以其術教授。然精微所在，則亦深自秘惜，掩關而理，學子皆不得見。征南從樓上穴板窺之，得梗概。思南子不肖，思南自傷身後莫之經紀。征南聞之，以銀卮數器，奉為美櫝之資。思南感其意，始盡以不傳者傳之。

征南機警，得傳之後，絕不露圭角，非遇甚困則不發。嘗夜出偵事，為守兵所獲，反接廊柱，數十人轟飲守之。征南拾碎磁，偷割其縛，探懷中銀，望空而擲。數十人方爭攫，征南遂逸出。數十人追之，皆踣地，匍匐不能起。行數里，迷道田間，守望者又以賊也，聚衆圍之。征南所向，衆無不受傷者。歲暮獨行，遇營兵七八人，挽之負重。征南苦辭求免，不聽。征南至橋上，棄其負。營兵拔刀擬之。征南手格，而營兵自擲仆地，鏗然刀墮，如是者數人。最後取其刀投之井中，營兵索綆出刀，而征南之去遠矣。

凡搏人者，皆以其穴。死穴，暈穴，啞穴，一切如銅人圖法。有惡少侮之者，為征南所擊。其人數日不溺，踵門謝過，始得如故。牧童竊學其法，以擊伴侶，立死。征南視之，曰：此暈穴也，不久當蘇。已而果然。征南任俠，嘗為人報仇，然激於不平而後為之。有與征南久故者，致金以仇其弟。征南毅然絕之曰：此以禽獸待我也。

征南名來咸，王氏，征南其字也。自奉化來鄞。祖宗周，父宰元，母陳氏。世居城東之車橋，至征南徙轝。少時，隸盧海道若騰。海道較藝給糧，征南嘗兼數人，直指行部。征南七矢破的，補臨山把總。錢忠介公建，以中軍統營事，屢立戰功，授都督僉事副總兵官。事敗，猶與華兵部勾致島人，藥書往復。兵部受禍，讎（同「仇」）首未懸，征南終身菜食以明此志，識者哀之。

征南罷事家居，慕其才藝者，以為貧必易致，營將皆通殷勤，而征南漠然不顧，鋤地擔糞，若不知己之所長，有易於求食者在也。一日，過其故人，故人與營將同居，方延松江教師，講習武藝。教師倨坐彈三弦，視征南麻巾縕袍若無有。故人為言征南善拳法，教師斜眄之曰：若亦能此乎？征南謝不敏。教師軒衣張眉曰：亦可小試之乎？征南固謝不敏。教師以其畏己也，強之愈力。征南不得已而應。教師被跌，請復之，再跌，而流血被面，教師乃下席，贄以二縑。

征南未嘗讀書，然與士大夫談論，則蘊藉可喜，了不見其為麤（同「粗」）人也。余弟晦木，嘗揭之見錢牧翁，牧翁亦甚奇之。當其貧困無聊，不以為苦，而以得見牧翁，得交余兄弟，沾沾自喜，其好事如此。余嘗與之入天童，僧山焰有膂力，四五人不能掣其手，稍近征南，則蹶然負痛。

征南曰：今人以內家無可炫耀，於是以外家攙入之，此學行當衰矣！因許敘其源流。

忽忽九載。征南以哭子死，高辰四狀其行，求余志之。生於某年丁巳三月五日，卒於某年己酉年二月九日，年五十三。娶孫氏，子二人。夢得前一月殤；次祖德。以某月某日葬於同嶴之陽。銘曰：有技如斯，而不一施，終不鬻技，其志可悲。水淺山老，孤墳孰保？視此銘章，庶幾有考。

問：《三豐集》曾載數傳而至關中王宗①。王宗與王宗岳是一人？抑係二人耶？

答：王宗乃陝西人，宗岳山西人。以為一人者，誤也。宗岳先生，大約是清初時人。王宗，則元末明初之人也。

【注釋】

①《三豐集》曾載數傳而至關中王宗：《三豐全書》拳技派載，「王漁洋先生云，奉勇之技，少林為外家，武當張三豐為內家。三豐之後，有關中人王宗，宗傳溫州陳州同。州同，明嘉靖間人。故今兩家之傳，盛於浙東。順治中，王來咸字征南，其最著者，鄞人也。雨窗無事，讀《聊齋》李超始末，因識於後。又云，征南之徒，又有僧耳、僧尾者，皆僧也。」

問：太極拳除張三豐祖師一脈流傳，尚有其他派否？

答：相傳尚有四派，列之於右：

唐許宣平①所傳，要訣有《八字歌》《心會論》《周身大用論》《十六關要論》《功用歌》，傳宋遠橋。

夫子李②，傳之俞氏，再傳俞清慧、俞一誠、俞蓮舟、俞岱岩。

韓拱月傳程靈洗③，再傳程珌。有《用功五誌》《四性歸原歌》。

殷利亨傳胡鏡子，再傳宋仲殊④。

以上皆別一流派，其詳不可得而記云。

【注釋】

①許宣平：《太極功源流支派論》載許宣平事：

許先師，係江南徽州府歙縣人。睿宗景雲年中，隱城陽山，結庵南塢，辟穀。身長七尺六，髯長及臍，髮長至足，顏若四十許人，行疾奔馬。時或負薪，賣於市中，薪擔常掛一花瓢及竹杖，每醉行，騰騰以歸。吟曰：「負薪朝出賣，沽酒日西歸。路人莫問歸何處，穿行白雲入翠微」。

邇來三十年，或施人危急，或救人疾苦，市人多訪之不見。但覽庵壁題詩云：「隱居三十載，築室南山巔，靜夜翫明月，閑朝戲碧泉。樵人歌壟上，穀鳥戲岩前。樂以不知老，都忘甲子年」。

時人多誦其詩。天寶中，李白訪之不遇，題詩庵壁曰：「我吟傳舍詩，來訪仙人居。煙嶺迷高跡，雲林隔太虛。窺庭但蕭索，倚仗空躊躕。應化遼天鶴，歸當千載餘。」

先師歸庵，見壁詩，又吟曰：「一池荷葉衣無盡，兩畝黃精食有餘。又被人來尋討著，移庵不免更深居。」其庵後被野火燒之，莫知所蹤。

②夫子李：《太極功源流支派論》載夫子李事：

既云唐人，何以知之至明時之夫子李，即是李道子先師焉？緣予上祖遊江南涇縣俞家，方知先天拳亦如予之三十七式，太極之別名也。而又知俞家是唐時李道子所傳也。俞家代代相承之功，每歲往拜，李道子廬至宋時尚在也，越代不知所往也。

至明時，予同俞蓮舟遊湖廣襄陽府均州武當山，夫子見之叫曰：「徒再孫焉往？」蓮舟抬頭一看，斯人面垢正厚，髮髭不知如何參地味臭。蓮舟心怒，曰：「爾言之太過也。吾觀汝一掌必死，爾去罷。」

夫子李云：「重再孫，我看看你這手。」蓮舟上前，連掤帶捶，未依身，則起高十丈許，落下，未壞折筋骨。蓮舟曰：「你總用過功夫，不然能扔我者鮮矣。」夫子李曰：「你與俞清慧、俞一誠認識否？」蓮舟聞言之悚然：「此皆予上祖之名也。」急跪曰：「原來是我之先祖師至也。」

夫子李曰：「吾在此幾十韶光未語，今見你誠哉大造化也。授你如此如此。」蓮舟自此不但無敵，而後亦得全體大用矣。

③程靈洗：《太極功源流支派論》載程靈洗事：

程靈洗，字元滌，江南徽州府休寧人，授業於韓拱月，太極之功成大用矣。侯景之亂，惟歙州保全，皆靈洗力也。梁元帝授以本郡太守，卒謚忠壯。

至程珌，為紹興中進士，授昌化主簿，累權吏部尚書，拜翰林學士，立朝剛正，風裁凜然，進封新安郡侯，以端明殿學士至仕，卒。

珌居家，常平糶以濟人，凡有利於衆者，必盡心焉，所著有《洺水集》。珌將太極功拳名，立一名為小九天，蓋珌之遺名小九天。書韓傳者，不敢忘先師之所傳也。

④宋仲殊：《太極功源流支派論》載仲殊事：

胡境子，其在揚州，自稱之名，不知姓氏，此是宋仲殊之師也。仲殊，安州人，嘗遊姑蘇台，柱上倒書一絕云：天長地久任悠悠，你既無心我亦休，浪跡天涯人不管，春風吹笛酒家樓。

問：河南陳長興所傳弟子，除楊露禪外，尚有他知名者否？

答：聞尚有河南懷慶府陳清平①者，亦得長興先生之傳。陳傳之武禹讓②，武傳之李亦畬，李傳之郝為楨，郝傳之孫祿堂先生。

【注釋】

①陳清平（一七九五—一八六八年）：祖輩由溫縣小劉村遷入王圪壋村，再由王圪埔村遷入趙堡鎮。精拳藝，武禹襄從楊露禪習練拳技十數年後，訪陳長興不遇，過趙堡鎮，隨陳清平學拳一月，得其精要，拳技自成一家。

②武禹讓：「武禹襄」之誤。

問：不肖生①所作《江湖奇俠傳》②，述及楊家，多有詆毀之詞。其所載班侯之事③確否？

答：皆道聽塗說之言，毫不足據。自古文人且相輕，何況不讀書不識字之武夫。故名愈高者，妒之者愈眾。種種不實之傳說，反出於同門之後生。而小說家苦無材料，偶聞一段故事，即渲染成篇，種種附會，無中生有，只可作為小說觀。然毀人名譽，往往招口舌之禍，亦不可不慎也。

【注釋】

①不肖生：原名向愷然（一八八九—一九五七年），名逵，筆名不肖生，湖南平江人，故署名平江不肖生。武俠小說家，武術活動家。二度東遊日本，先後進入華僑中學與法政大學，兼修文學和武術。武俠小說《江湖奇俠傳》，被視為近代武俠小說的先驅，被上海明星影業公司拍攝成電影《火燒紅蓮寺》，連拍十八集，放映時造成萬人空巷情勢，後又繪製成連環圖，影響更大。一九三二年，應湖南省政府主席何鍵之聘，回湖南創辦國術訓練所和國術俱樂部。著有《拳術見聞錄》《拳術傳薪錄》《拳師言行錄》《拳經講義》等專著。一九五七年準備撰寫《中國武術史話》時，患腦溢血去世。

②《江湖奇俠傳》：蓋《俠義英雄傳》之誤。

③班侯之事：《俠義英雄傳》第五十一回載班侯事：

這日來了一個拜年客，他見面認得這人姓吳名鑒泉，是練內家工夫的，在北京雖沒有赫赫之名，然一般會武藝的人，都知道吳鑒泉的本領了得。因為吳鑒泉所練的那種內家功夫，名叫太極，從前又叫作綿拳，取纏綿不斷及綿軟之意，後人因那種功夫的姿勢手法，處處不離一個圓字，彷彿太極圖的形式，所以改名太極。

相傳是武當派祖師張三豐創造的，一路傳下來，代有名人。到清朝乾隆、嘉慶年間，河南陳家溝的陳長興，可算得是此道中特出的人物。陳長興的徒弟很多，然最精到最享盛名的，只有楊露禪一個。楊露禪是直隸人，住在北京，一時大家都稱他為「楊無敵」。

楊露禪的徒弟也不少，惟有他自己兩個兒子，一個楊健侯，一個楊班侯，因朝夕侍奉他左右的關係，比一切徒弟都學得認眞些。只是健侯、班侯拿著所得的功夫與露禪比較，至多也不過得了一半。班侯生成的氣力最大，使一條丈二尺長的鐵槍，和使白蠟杆一般的輕捷。當露禪衰老的時候，凡要從露禪學習的，多是由班侯代教，便是外省來的好手，想和露禪較量的，也是由班侯代勞。

有一次，來了一個形體極粗壯的蠻人，自稱槍法無敵，要和露禪比槍。露禪推老，叫班侯與來人比試。那人如何是班侯的對手，槍頭相交，班侯的鐵槍只一顫動，不知怎的，那人的身體，便被挑得騰空飛上了屋瓦，槍握在手中，槍頭還是交著，如鰾膠粘了的一般。那人就想將槍抽出也辦不到，連連抽撥了幾下，又被班侯的槍尖一震，那人便隨著一個跟斗，仍舊栽下地來，在原地方站著。那人自是五體投地的佩服，就是班侯也自覺打得很痛快，面上不由得現出得意的顏色。

不料楊露禪在旁邊看了，反做出極不滿意的神氣，只管搖頭歎道：「不是勁兒，不是勁兒！」班侯聽了，心裡不服，口裡卻不敢說什麼，只怔怔地望著露禪。露禪知道班侯心裡不服，便說道：「我說你不是勁兒，你心裡不服麼？」班侯這才答道：「不敢心裡不服，不過兒子不明白要怎麼才算是勁兒？」

楊露禪長歎道：「虧你跟我練了這麼多年的太極，到今日還不懂勁。」邊說邊從那人手中接過那枝木槍，隨意提在手中，指著班侯說道：「你且刺過來，看你的勁兒怎樣？」他們父子平日對刺對打慣了的，視為很平常的事，班侯聽說，即挺槍刺將進去，也是不知怎的，楊露禪只把槍尖輕輕向鐵槍上一擱，班侯的鐵槍登時如失了知覺，抽不得，刺不得，撥不得，揭不得，用盡了平生的氣力，休想有絲毫施展的餘地，幾下就累出了一身大汗。楊露禪從容問道：「你那槍是不是勁兒？」班侯直到這時分才心悅誠服了。

吳鑒泉的父親吳二爺，此時年才十八歲，本是存心要拜楊露禪為師，練習太極的，無奈楊露禪久已因年老，不願親自教人，吳二爺只得從楊班侯學習。楊班侯的脾氣最壞，動輒打人，手腳打在人身上又極重，從他學武藝的徒弟，沒一個經受得住他那種打法，至多從他學到一二年，無論如何也不情願再學下去了。吳二爺從十八歲跟他學武藝，為想得楊班侯的眞傳，忍苦受氣地練到二十六歲，整整練了八年。吳二爺明知有許多訣竅，楊班侯秘不肯傳，然沒有方法使楊班侯教授，惟有一味地苦練，以為熟能生巧，自有領悟的時候。誰知這種內家功夫，不比尋常的武藝，內中秘訣，非經高人指點，欲由自己一個人的聰明去領悟，是一輩子不容易透徹的。

這也是吳二爺的內功合該成就，湊巧這回楊班侯因事出門去了，吳二爺獨自在楊家練工夫，楊露禪一時高興，閑操著兩手，立在旁邊看吳二爺練習，看了好大一會時間，忽然忍不住說道：「好小子，能吃苦練功夫，不過功夫都做錯了，總是白費氣力。來來來，我傳給你一點兒好的吧！」吳二爺聽了這話，說不出的又高興又感激，連忙爬在地下對楊露禪叩頭，口稱：「求太老師的恩典成全。」楊露禪也是一時高興，將太極功夫巧妙之處，連說帶演的，盡情說給吳二爺聽。吳二爺本來聰穎，加以在此中已用過了八年苦功，一經指點，便能心領神會。

楊班侯出門耽擱了一個月回來，吳二爺的本領已大勝從前了，練太極功夫的師弟之間，照例每日須練習推手，就在這推手的裡面，可以練出無窮的本領來。這人功夫的深淺，不必談話，只須一經推手，彼此心裡就明明白自，絲毫勉強不來。楊班侯出門回來，仍舊和吳二爺推手，才一粘手，楊班侯便覺得詫異，試拿吳二爺一下，哪裡還拿得住呢？不但沒有拿住，稍不留神，倒險些兒被吳二爺拿住了，原想不到吳二爺得了眞傳，有這麼可驚的進步。當推手的時候，楊班侯不曾將長袍卸下，此時一踏步，自己踏著了自己的衣邊，差點兒跌了一交。吳二爺忙伸手將楊班侯的衣袖帶住，滿口道歉。

楊班侯紅了臉，半晌才問道：「是我老太爺傳給你的嗎？」吳二爺只得應是。楊班侯知道功夫已到人家手裡去了，無可挽回，只好勉強裝作笑臉說道：「這是你的緣法，我們做兒子的，倒趕不上你。」從此，楊班侯對吳二爺就像有過嫌隙的，無論吳二爺對他如何恭順，他只是不大睬理。

吳二爺知道楊班侯的心理，無非不肯拿獨家擅長的太極，認眞傳給外姓人，損了他楊家的聲望。自己飲水思源，本不應該學了楊家的功夫，出來便與楊家爭勝，只得打定主意，不傳授一個徒弟，免得招楊家的忌。自己的兒子吳鑒泉，雖則從小就傳授了，然隨時告誡，將來不許與楊家爭強鬥勝。一般從楊家學不到眞傳的，知道吳二爺獨得了楊露禪的秘訣，爭著來求吳二爺指教。

吳二爺心裡未嘗不想揀好資質的，收幾個做徒弟，無奈與楊家同住在北京，楊健侯、楊班侯又不曾限制收徒弟的名額，若自己也收徒弟，顯係不與楊家爭名，便是與楊家爭利，終覺問心對不起楊露禪，因此一概用婉言謝絕……

《俠義英雄傳》第五十二回載班侯事：

吳鑒泉此時年輕，心裡還不相信有這麼一回事，但是吳二爺自服下這顆丹藥，精神陡長，比以前越發健朗了。從此，有資質好的徒弟來拜師，吳二爺便不拒絕了。吳、楊兩家的太極拳法，雖都是由楊露禪傳授下來的，然因吳二爺招收徒弟的緣故，楊家這方面的人，對之總覺有些不滿，但又不便倡言吳二爺所學的非楊氏眞傳。

楊露禪死後，京城裡便喧傳一種故事，說楊露禪在將死的前一日，就打發人通知各徒弟，說師傅有事須出門去，教衆徒弟次日上午齊集楊家，師傅有話吩咐，衆徒弟見老年的師傅要出門，自然如約前來送別。次日各徒弟走到楊家門首，見門外並無車馬，不像師傅要出門的樣子，走進大門，只見露禪師傅盤膝坐在廳堂上，班侯、健侯左右侍立。衆徒弟挨次立在兩旁，靜候露禪師傅吩咐。

露禪師傅垂眉合目地坐著，直待所有的徒弟都到齊了，才張眼向衆徒弟望了一遍，含笑說道：「你們接了我昨日的通知，以為我今日眞是要出門去嗎？我往常出門的時候，並不曾將你們傳來，吩咐過什麼話，何以這回要出門，就得叫你們來有話吩咐呢？因為我往常出門，少則十天半月，多則一年半載，仍得回家來和你們相見。這回卻不然，我這回出門，一不用車，二不用馬，這一去就永遠不再回家，永遠不再和你們會面，所以不能不叫你們來，趁此時相見一次。至於我要吩咐的話，並沒有旁的，就只盼望你們大家不要把我平日傳授的功夫拋棄了，各自好好地用功做下去，有不明白的地方，可來問你們這兩個師兄。」說時手指著班侯、健侯。

說畢，教班侯附耳過來，班侯連忙將耳朵湊上去，露禪師傅就班侯耳根前低聲說了幾句，班侯一面聽，一面點頭，臉上現出極欣喜的顏色。露禪師傅說完了，楊班侯直喜得跳起來，拍掌笑道：「我這下子明白了，我這下子明白了！原來太極拳有這般的巧妙在內。」眾徒弟見楊班侯這種歡喜欲狂的樣子，不知道為的什麼事，爭著拉住楊班侯問：「師傅說的什麼？」楊班侯連忙雙手揚著笑道：「此時和你們說不得，全是太極拳中的秘訣。你們各自去發憤練習，到了那時候，我可以酌量傳授些給你們。」這裡說著話，再看露禪師傅時，已是壽終正寢了。

這種故事一喧傳出來，京內外會武藝的朋友，便有一種議論道：「楊班侯是楊露禪的兒子，班侯的武藝，是露禪傳授的，父子朝夕在一處，有什麼秘訣，何時不可以秘密傳授，定要等到臨死的時候，當著一干徒弟的面，是這般鬼鬼祟祟地傳授？」究竟是一種什麼舉動，既是秘傳，就不應當著人傳；當著不相干的人也罷了，偏當著一干徒弟。這些徒弟花錢拜師，就是想跟楊露禪學武藝，你楊露禪藏著重要的秘訣不傳，已是對於天良道德都有些說不過去了，卻還要故意當著這些徒弟，如此鬼鬼祟祟地傳給自己的兒子，而接受秘傳的楊班侯，更加倍地做出如獲至寶的樣子，並且聲明全是太極拳中的秘訣，當時在場的徒弟，果然是心裡難過，獨不解楊露禪父子那時面子上又如何過得去的。

事後還有一種議論，說楊露禪這番舉動，是因自己兩個兒子都在京師教拳，聲名不小，恐怕這些徒弟也都在京師教起太極拳來，有妨礙自己兒子的利益，所以特地當著衆徒弟，做出這番把戲來，使外邊一般人知道楊露禪的秘傳，直到臨死才傳給兒子，旁人都不曾得著眞傳授，不學太極則已，要學太極就非從楊家不可。這是一種為子孫招徠生意的手段，其實何嘗眞有什麼秘訣，是這麼三言兩語可以說的明白！

又有一種議論，就說楊露禪這番舉動，是完全為對付吳二爺的，因為吳二爺原是楊班侯代替楊露禪教的徒弟，班侯見吳二爺精明機警，存心不肯將眞傳授予，想不到自己出門去了，楊露禪不知兒子的用意，將秘訣盡情傳給了吳二爺，楊班侯回來，險些敗在徒弟手裡，背後免不得抱怨老頭子，不為子孫將來留地步。因此楊露禪臨終的做作，不教楊健侯附耳過來，卻教楊班侯附耳過來，無非要藉此表示眞傳是楊班侯獨得了。

以上三種議論和那故事同時傳播，因之楊、吳兩家表面上雖不曾決裂，骨子裡都不免有些意見。楊班侯的脾氣生成暴躁，既不肯拿眞功夫傳授徒弟，又歡喜拿徒弟做他自己練習功夫的靶子，時常把徒弟打得東歪西倒，以致徒弟望著他就害怕，沒有一個在楊班侯手裡練成了武藝的。就是吳二爺，若沒有楊露禪是那麼將眞傳授予，也是不會有成功希望的。

庚子那年，大刀王五是個與義和團沒有絲毫關係的人，尚且橫死在外國人手裡，楊班侯的拳名不亞於王五，又是端王的拳師傅，怎能免得了嫌疑呢？當聯軍還不曾入京的時候，就有人勸楊班侯早走，無奈楊班侯生成的傲性，一則仗著自己的武藝好，不怕人；二則他一晌住在端王邸裡，眞是養尊處優，享從來拳教師所未嘗享過的幸福，終日終夜地躺在炕上抽鴉片煙，好不舒服，如何捨得這種好所在，走到別處去呢？但是聯軍入京，很注意這端王邸，就有一隊不知是哪一國的兵，竟闖進端王邸裡來了。

幸喜楊班侯早得了消息，外兵從大門闖進，楊班侯騎了一匹快馬從後門逃出，手中並沒有搶著兵器，倉卒之間僅夾了一大把馬箭，打馬向城外飛跑。剛跑出城，就見從斜刺裡出來一隊外兵，大喊站住，楊班侯不懂得外國語，不作理會，更將兩腳緊了一緊，馬跑得越發快了。那一隊外國兵不知楊班侯是什麼人，原沒有要捉拿他的打算，只因看見他脅下夾著一大把馬箭，又騎著馬向城外飛跑，一時好奇心動，隨意呼喝一聲，以為中國人見了外國兵就害怕，一經呼喝便得勒馬停韁不跑的，打算大家將那一大把馬箭奪下來，作為一種戰利品。不料楊班侯不似一般無知識的中國人膽小，公然不作理會，並且越發跑得快了。

這一隊外兵看了，不由得惱怒起來，在前面的接著又喝了幾聲，楊班侯仍是不睬。這外兵便拔步追上來，因是從斜刺裡跑過來的，比從背後追上來的容易接近，看看相距不過幾丈遠近了，楊班侯抽了一枝箭在手，對準那外兵的腦門射去，比從弓弦上發出去的還快，不偏不倚地正射在腦袋上，入肉足有二三寸，那外兵應手而倒。跟在後面追的見了，想不到這人沒有弓也能放箭，心裡大吃一驚，正要抽出手槍來，不提防楊班侯的第二枝箭又到了，也是正著在腦袋上，仰面便倒。以後的兵這才各自拔出槍來射擊，而這些兵的槍法都很平常，又是一面追趕，一面放槍，瞄準不能的當，只能對著楊班侯那方面射去，哪裡射得著呢?有一顆子彈恰好從楊班侯的頭頂上擦過去，將頭皮擦傷了少許，楊班侯大吃一驚，不敢坐在馬上，將身體向旁邊橫著，虧得是一匹端王平日最愛的好馬，能日行七八百里，步行的外國兵如何能追得上呢?一轉眼工夫，子彈的力量就達不到了。

楊班侯自從這次逃出北京，以後便沒了下落。有說畢竟被外國人打死了的，有說跟隨端王在甘肅的，總之不曾再回北京來。

太極拳之姿式

問：太極拳自攬雀尾至合太極，七十餘式①，三豐時所傳。即是如此，抑有所變動耶？

答：聞以前太極拳，是單式練法，而不連貫②。不知始於何時，將單練之各式，連為一氣。以愚意揣之，大約始於王先生宗岳。因先生所作《太極拳論》，有各式之名目，係連為一氣也。故宗岳先生，對於太極拳術，其功絕偉。若不連為一氣，恐早失其傳矣。

【注釋】

①七十餘式：式勢計算方式不盡相同，概說其數。

二水按：徵明先生《太極拳術》目錄下之「太極拳式」自「太極起式」至「合太極」，

合計八十式。而正文則以「攬雀尾」起，述至「合太極」，凡圖例五十幀，文字詳述五十四例，重複略說二十餘式。且目錄中「左右分腳」為一式，正文詳述為「左分腳」「右分腳」兩式。目錄中「攬雀尾」「單鞭」皆作兩式，正文詳述簡作「上步攬雀尾單鞭」，或簡作「進步攬雀尾單鞭」。目錄中「白蛇吐信」在第二個「十字手」之後，即今楊式大架第三節中，而正文詳述時，將第二個「十字手」之前，即今楊式大架第二節中「進步栽錘」後。所以，同一書內，計算式勢，也未盡相同，是以「七十餘式」概說之。

另，楊澄甫《太極拳使用法》目錄作「太極拳十三式」，目錄下羅列自「太極起式」至「合太極」七十八個式勢。正文分作九十四節詳述各式勢之使用法。

②聞以前太極拳，是單式練法，而不連貫：民國初年，袁世凱幕僚宋書銘，自言為宋遠橋十七世孫，其太極拳式名三世七，拳式名稱與楊式太極拳名目大同小異，推手法亦相同，趨重單式練法。楊式太極拳老譜三十二目「八五十三勢長拳解」云：「自己用功，一勢一式，用成之後，合之為長拳。滔滔不斷，週而復始，所以名為長拳也。萬不得不有一定之架子，恐日久入於油滑也，又恐入於硬拳也，決不可失其綿軟」，此節文字簡明扼要，清晰地解釋了十三勢與長拳的關係，也從中可以瞭解楊氏早年在北京傳授太極拳，也是先單式訓練，每一式勢練至嫻熟後，合起來便是滔滔不絕的長拳了。

問：北京練太極拳者，俱是楊家所傳，何以形式又略有不同之處？

答：形式雖略有不同，其意未嘗不同。其所以略有不同之處，據愚意揣測，蓋有二端：一，昔時師徒之分極嚴，心有不明，不敢多問。而為師者，又不肯時演與學者觀之，故不能得最準確之姿式；一，雖得準確之姿式，而數傳之後，因各人之性情不同，遂無形變改，自不能覺。故太極，非傳者有極精密之教法①，學者極沈細之研究②，不能得也。

【注釋】

①極精密之教法：極其精確慎密的教學方式。老師明明白白地教，須得因人施教，根據不同個體來設計教學方案。

②極沈細之研究：極其沉浸細緻的學習方式。學生認認真真地學，須得把自己全身心浸泡在其間，悉心體悟，去知去覺每一式勢於己於人的些許運動變化。

問：然則太極拳之姿式，何者為準確？何者非準確？何從而斷定之乎？

答：以王宗岳先生所言之立身須「中正安舒①」四字為準。中正者，不偏不倚之謂也；安舒者，自然舒適，不緊張用力者是也。余所作《太極拳術之十要》②，亦為姿式之準則。如頭無虛靈頂勁，兩面傾側搖動，挺胸直立，上重下輕，兩腿雙重，虛實不清，轉動太快，手法含糊，忽高忽低，兩肩亂動，腳步太小，腰不轉動，皆失其規矩者。總要，「中正安舒」，無處不到，十要之意思，均包涵而不漏，此則雖不能至③，亦相去不遠矣。

【注釋】

①中正安舒：武禹襄作「打手要言」，有「立身中正安舒，支撐八面」及「立身須中正不偏，能八面支撐」語，楊式傳抄者在武禹襄講論基礎上，竄益成「十三勢行功心解」，誤會作王宗岳言論，「十三勢行功心解」載有「發勁須沉著鬆淨，專主一方，立身須中正安舒，支撐八面」，微明先生因此也將此論，誤作王宗岳所言。

②余所作《太極拳術之十要》：即微明先生《太極拳術》中，由楊澄甫口授，陳微明筆述的《太極拳術十要》一文。十要分別為：虛靈頂勁，含胸拔背，鬆腰，分虛實，沉肩墜肘，用意不用力，上下相隨，內外相合，相連不斷，動中求靜。

③雖不能至：語出《史記·孔子世家》：「太史公曰：詩有之：『高山仰止，景行行

止』」，雖不能至，然心嚮往之。余讀孔氏書，想見其為人。」意思是說，「楊澄甫口授的《太極拳術之十要》相對太極拳藝而言，就像是詩經所說的『高山仰止，景行行止』，高山巍巍，只能抬頭仰望；品德高尚的先賢，我們只能亦步亦趨地跟行。但是只要做到了「中正安舒」，雖然還達不到「十要」的全部要求，但離眞正的要領也就不遠了。」

問：有人言腳步不可太大，太大則換步不靈，是否？

答：此說亦不錯。惟初練架子時，步須開展，總以兩腿之一直一曲為準則①。如左腿直，則右腿曲。所曲之腿，以膝與足尖成一垂線為準，則腰可鬆下。前後轉動，步太小，則腰之轉動亦小，對方來勢如猛，則無消化之餘地，不得不退步矣。如遇路窄，無地可退，則無可如何。如步稍大，以腰轉動，則可化對方之力而還擊之。

【注釋】

①兩腿之一直一曲為準則：實腿，膝與腳尖成一垂線，謂之「曲」；虛腿，自然會斜向的「自」成一條斜邊。

二水按：文字來表述動作形態，其實是一件勉為其難的事，因為文字本身極具異議。理解此節文字，宜從「十要」中的「鬆腰」「分虛實」兩個層面去理解「兩腿之一直一曲」，而不能單純地從兩腿外形上的一直一曲去強求。譬如微明先生在描述右前左後的虛實腳時，常說的「全身坐在左腿，左腿變實，右腿變虛」，這種狀態下，一個「坐」字非常精到，能夠把太極拳「收腹斂臀」「鬆腰落胯」的要領全都包括了。但回過頭來看看自己的兩腿，「坐在左腿」的實腳，因為膝與腳尖成垂線，所以一定是曲的。而變成虛腿的右腿，雖然是「自」「斜」著的，其實也依然是曲的。

孫祿堂先生《太極拳學》中的文字表述更為精到：「右足橫自著，左膝與左足跟成一垂直線。兩腿裡屈要圓滿，不可有死彎子。」無論直腿還是屈腿，「兩腿裡屈要圓滿，不可有死彎子」，道盡了太極拳曲中求直，方圓相濟之精義。而不能從兩腿外形上，一味地去強調「一直一曲」，否則就會呈現僵硬的姿態，不合太極拳身法要義。

問：有人言架子不可太低，然否？

答：架子低，則步大，腰可轉動。架子高，則步小，腰之轉動亦小。其高低總以兩腿一直一曲為度，是適中之步。如過於低，則重心下陷，而不能往前，虛實反不能分。《太極拳論》云：「先求開展，後求緊湊」①，若功夫純熟之時，步法手法，均可收小，神而明之，存乎其人。故其小者，乃由大而來；其高者，由低而來；其緊者，由鬆而來；其斷者，由綿綿而來。如此，則其小者、高者、緊者、斷者，方有把握。不然，則恐遇緊急時，仍不能隨機應變，步法散亂，而不免於窮促也。

【注釋】

①先求開展，後求緊湊：楊式傳抄者竄益成的「十三勢行功心解」中，有「先求開展，後求緊湊，乃可臻縝密也矣」句，李亦畬抄本不載，顯然是楊氏在北京兩代人教學經驗的積累，而非王宗岳《太極拳論》語。

二水按：微明先生早年在北京也從楊少侯問過藝，少侯晚年南下滬上時，微明先生也從其學。微明先生眼裡，少侯拳技「年益高，而拳法益緊密，出手甚短，而意則遠；勢若止，而神欲行，倏喜倏怒，目眦盡裂，若貓之捕鼠，若鶻之搏兔。」可見，即便小架如少侯先生，他前後的拳架也有「先求開展，後求緊湊」的變化。

問：有人言架子不必多練，但習推手，即可長功夫，然否？

答：凡輕視架子者，皆未得架子之規矩精意者也。架子為最要之基礎，久久練之，身體方能重如泰山，輕如鴻毛。若不練架子①，雖多推手，身體仍有不穩之時，易為人所牽動。

【注釋】

①若不練架子：楊氏太極拳老拳譜三十二目之「八五十三勢長拳解」云：「萬不得有一定之架子，恐日久入於滑拳也，又恐入於硬拳也，決不可失其綿軟。周身往復，精神意氣之本，用久自然貫通，無往不至，何堅不摧也。」倘若不學拳架，只是一味地單練或推手，就可能走向兩個極端，其一，時間一長，就會變得油滑，而失去刀掌劍指般銳不可當之勢；其二，長期的對抗性訓練，就會形成硬衝硬撞，顚頂相撲的硬拳，失其綿軟。

二水按：拳架，像是一個資源豐富的礦藏，從來沒有一位拳家，能窮其一生，竭盡其所藏的。而推手餵勁，就算是冶煉或製成品，外表光鮮亮麗，倘若失去了開採的基礎，就會或硬或滑，偏執一端。

問：有人言練太極拳，仍須用力者，然否？

答：《太極拳論》云：「極柔軟，然後極堅剛」①，太極拳之堅剛內勁，係由柔軟鬆開而生。練架子愈柔軟鬆開，則長內勁愈速。稍有強硬不鬆之處，即為長內勁之阻礙。蓋鬆開，則兩臂容易沉重，不鬆開，則兩臂仍是輕浮。是為明證。余所著《太極拳術》內，已論之詳矣。凡持此說者，大抵天生有點力量，喜恃其力。或習過硬拳，不肯捨棄。故尚不能堅信「極柔軟，然後極堅剛」之說，雖練太極，終不能得太極最精妙之意也。

【注釋】

①極柔軟，然後極堅剛：語出「十三勢行功心解」，非王宗岳《太極拳論》語。從武禹襄「解曰」之「極柔軟，然後能極堅剛」化出。

二水按：太極拳「柔軟」與「堅剛」之理，在楊氏老拳譜三十二目之「太極下乘武事解」更有詳盡的闡述：「太極之武事，外操柔軟，內含堅剛，而求柔軟。柔軟之於外，久而久之，自得內之堅剛。非有心之堅剛，實有心之柔軟也。所難者，內要含蓄，堅剛而不施，外終柔軟而迎敵，以柔軟而應堅剛，使堅剛盡化無有矣。其功何以得乎。要非沾黏連隨已成，自得運動知覺，方為懂勁，而後神而明之，化境極矣。夫四兩撥千斤之妙，功不及化境，將何以能是。所謂懂沾運，得其視聽輕靈之巧耳。」

問：教者用同一教授之法，而學者之姿勢，有好有醜，其故何也？

答：其醜者，必生硬而有力者也。其好者，必柔軟而不用力者也。譬如范金①者，必以熱度使之鎔②化，方能隨心所欲，或使之方，或使之圓，均可如意。若以生硬之金鐵，欲硬打成或方或圓之器物，則恐用力甚苦，而見功甚遲。故教拳者，既令學者，用極大之力，使全身生硬而不易於轉動，而又欲其姿勢之佳善，是欲前而卻行也。人之天生氣力，譬如生鐵，必須使之柔軟，久久鍛練③，變為精鋼，看似柔軟，堅剛無比，是為太極拳之內勁。

【注釋】

①范金：用模子來澆鑄金屬製品。

②鎔：銷熔，熔化。

若以生硬之金鐵……是欲前而卻行也：倘若用生硬的銅鐵材料，不經過高溫熔化鍛鍊，就直接想硬生生地打製成或方或圓的器皿，那麼恐怕會是投入非常辛苦，而收效甚微。因此，教拳的人，一方面想讓初學者用盡最大力氣，讓他們全身僵硬，運轉不便，另一方面，又想讓他們做到姿勢柔和曼妙，那麼只是有想讓進步的美好願望，而實際只是在阻擋他提高之階梯。

③鍛練：蓋「鍛鍊」之誤。鍛練，有「羅織罪名」之意。鍛鍊也作鍛煉，鍛造、冶煉之意，引申喻作透過訓練或運動，增強體質。

問：練太極拳時之頭部應如何？

答：頭容正直①，不可低而下視。頭低，則精神提不起。

【注釋】

①頭容正直：頭的姿勢要正直。不傾顧，不低回。

二水按：頭容正直，便能提起精神，《十三勢行功歌》云：「尾閭正中神貫頂，滿身輕利頂頭懸」，太極拳身形上的「頂頭懸」要領，能夠幫助拳學者達成「神貫頂」的內在要求，也彷彿京劇武生戎裝頭項後的幾面靠旗，就能讓人有正氣凜然之感。《朱子語類》有云：「不獨頭容要直，心亦要直，自此便無邪心」，便是這層意思。

問：練太極拳時之眼光如何？

答：眼者，神之舍也①。眼光有時隨手而行，眼隨手，則腰自轉動；有時須向前看，所謂左顧右盼中定是也。左顧右盼，則腰轉可化人之勁。前看則中定，將人放出。久練太極拳，則眼光奕奕有神。神光足者，其功夫必深無疑。

【注釋】

①眼者，神之舍也：楊氏太極拳老拳譜三十二目之「人身太極解」云：「神出於心，目眼為心之苗。」《黃帝內經・素問・六節藏象論》曰：「心者，生之本，神之處。」中醫舌診，以舌為心苗。方以智《東西均》云：「氣貫虛而為心，心吐氣而為言，言為心苗，托於文字。」目眼為心之苗，雖與《孟子・離婁上》：「胸中正，則眸子瞭焉，胸中不正，則眸子眊焉」義同，但更接近達芬奇「眼睛是心靈的窗戶」之說。久練太極拳，頭容要直，心亦要直，心胸中正，眼光自然奕奕有神了。

問：練太極拳時，口宜閉宜開？

答：《參同契》云：「耳目口三寶，閉塞勿發通」①。太極拳，本為動中求靜，輔佐靜功之法。若張口，則呼吸由口，舌燥喉乾。閉口，舌抵上齶②，則自生津液，隨時吞咽。是華池之水，為養生之甘露。凡言宜開口者，則太極拳之好處，完全失之矣。

【注釋】

①耳目口三寶，閉塞勿發通：《周易參同契・關鍵三寶章》第二十二云：「耳目口三寶，閉塞勿發通。」意為耳目口是修煉關鍵的三寶，五音亂耳，能令耳失聰；五色亂目，能令目失明；五味濁口，能令口味敗。所以修煉之人，應閉塞三寶，令耳不外聽，目不外視，口閉不開。

二水按：耳不外聽，目不外視，在行拳走架，或推手餵勁的訓練中，可以有「內視反聽」之意，眼睛似閉非閉，視線似往眼底收斂，之後餘光似能從兩耳尖往前，兼顧左右。耳朵彷彿是兩隻衛星信號的接收器。

任督二脈，上交會於口腔，下交會於會陰。舌尖輕抵上齶，穀道微斂，鵲橋相連，陰陽交泰，津液自生，此為「金津玉液」。舌抵上齶，要輕，如開關，兩端輕輕一碰，電流就能貫通。津液下咽，舌尖自然呈抵齶態。津液內含消化酶、溶菌酶，有助消化，宜分口咽下。

否則，「鼎內若無眞種子，猶將水火煮空鐺」，口乾舌燥，有害身心。

②齶：齒內上下肉也，同「腭」。

問：練太極拳時之腰，應如何鬆？

答曰：鬆者，非硬往下壓之意也。硬壓，則不易轉動。鬆則轉動可如意①。《太極拳論》云：「腰如車輪」，此言其活。又曰：「腰如纛」，此言其正直。腰不下鬆，不正直，則臀高聳，不但甚不雅觀，而且尾閭必不能中正，神必不能貫頂，力必不能由背脊而發。

【注釋】

①鬆則轉動可如意：鬆腰的目的，是可以隨心所欲地轉動。

二水按：鬆腰的目的，是腰軸可以像門軸一樣自由轉動，而門框不變形。門軸可以左右變化。左向運動時，以左邊門軸來轉動；右向運動時，以右邊門軸來轉動；前後運動時，則以腰軸帶動下，門與門框一齊運動，在進退時門軸依然能開合自如。

老拳譜常常腰胯不分，以「腰隙」「腰間」或「腰膝」通概之。腰不宜前俯後仰地搖動，臀部不能左右扭擺，水蛇腰，中軸易彎，腳也不得靈便；扭臀腰背輒宜為人制。鬆腰後，方能落胯。腰宜鬆塌，胯便找著了原先固有的位置。胯一旦找到自己的位置，盆骨就能擺正，命門就略微外凸，脊背「上下如一線串起」。立身如置高凳狀，兩腳方能靈便，活如車輪。

腰胯分離後，身軀如磨盤呈上下兩盤，「磨轉心不轉」，講的是上半身轉腰時，胯部依然如坐高凳之上，不能扭動臀部，所謂上盤轉動，下盤相對不動；另外，上盤轉動時，其實也不是腰在轉動，而是身軀內的「軸線」帶著腰在轉動。而這裡的軸線，就像是鉸鏈中的軸線，鉸鏈的開合，軸線是不隨之而動的。

問：練太極拳用掌時之手指如何？

答：手指亦宜舒展自然，不可拳屈；又不可太張開，使之硬直。拳屈，則氣貫不到指尖；硬直，則氣亦不到。兩掌按出時，不可太過膝，過膝則失其重心。嘗見練太極拳者，兩掌按出過度，全身傾出，臀後高聳，此式由於腳步太小，腰不能下之故。足不到，而手往前探，不但打人不出，則已身前傾，恐立不穩。打人必須進足貼身，則兩手隨腰略進①，人已跌出。此乃全身之勁也。

【注釋】

①進足貼身，則兩手隨腰略進：用掌時，四指併攏，指節一一舒展，掌根略微前腆，虎口略撐圓。進步時，意念上須有以己身之膝胯，能觸及對手之膝內側之意，兩肘內斂，兩掌心也須有涵空包容一切的意思，隨身軀前行而「略進」之，對手不由自主地碰及即會跌出。

問：太極拳之蹬腳、分腳亦用力否？

答：太極之腿①，乃鬆彈之勁，非生硬之勁也。

【注釋】

①太極之腿：慰蒼先生《雪涔廔太極傳心錄》劄記中云：「傳統楊式太極拳腿法九腳，從拳的架勢來分：左右分腳，左右蹬腳，左右踢腳，二起腳，單、雙擺蓮腳。以使用法而論，則分為：踢腳、翅（分）腳、蹬腳、（二）起腳、（單雙）擺（蓮）腳、接腳、套腳、襯腳、踩腳。翅腳即刺腳，踩腳即踹腳」。

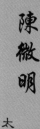

問：練太極時之神氣態度①應如何？

答：總以神凝氣靜、中正安舒、從容大雅、綿綿不斷為準則。看似輕靈，而又極沉重；看似動宕，而又極安靜。凡太輕浮流動，或過於劍拔弩張之態，皆未得其精意者也。

【注釋】

①神氣態度：「精氣神」是傳統文化的人格結構。這一人格結構展現於人身周遭的，便是人的神氣態度。

二水按：精，屬陽；氣，屬陰，而統帥精、氣的「神」，也分陰陽。屬陽的神，是意氣奮發的。若見高人，隨意站定，他的意氣便張揚四周，似乎周身皆屬他的領地，所謂「氣壓天風吞海雨」，使得旁人無法近身，這便是屬陽的神。武禹襄「四字不傳秘訣」之「敷、蓋、對、吞」，得神之陽。屬陰的神，是內斂入骨的，是神情內斂、眼神內聚的神。見高人行功走架，所謂「若軒轅古聖，端冕垂裳；如昆刀刻玉，但見渾美」，所謂「端凝拙樸的古佛之容，斂正收放的自然之態」，指的便是這種屬陰的神。李亦畬「撒放秘訣」中的「靈、斂、靜、整」，得神之陰。

問：太極拳七十餘式之次序，必須如此，而亦能變動否？

答：相傳之次序如此，其相連接之處，亦極自然，故學者當謹守之。譬如一篇好文字，增一字減一字不可。雖然，文字本有無窮之變化，太極拳亦然。若將各式顛倒，其連接之處，果能自然，又何嘗不可耶。

太極拳架子，本是平時練功夫之體，若用時，則又何能刻舟求劍，而必依其次序耶①。若然，則真愚之至矣。

【注釋】

①太極拳架子……必依其次序耶：就傳統哲學觀念「體」與「用」而論，太極拳的拳架，本來就是用來增長功夫的「體」，如果一旦「用」於推手或實戰，那麼就不能按照拳架編排的次序一招一式地來照搬照抄了，就像不能刻舟求劍一樣。

問：君所著之《太極拳術》，當可作為準則？

答：何敢云然①。不過余從楊澄甫先生學太極拳時，對於架子之姿勢，頗十分注意。著此書時，每式必問過五六次，方敢下筆。澄甫先生亦教誨不倦，此書不過代澄甫先生筆述之耳②。

【注釋】

①何敢云然：謙詞。不敢如此說；怎麼敢這樣講啊！

②不過代澄甫先生筆述之耳：《太極拳術》孫紹濂之序言說微明先生「以楊先生口授之太極拳，筆述成書，多所闡發，稿贈楊先生以酬答之。楊先生藏之數年，不以付校梓。余與秦君光昭、王君鼎元、岑君希天聞之，請先生慫恿出之，以傳於世。先生書往，楊先生欣然寄稿，並圖五十餘幅。」

問：楊澄甫先生現在所練之架子，與君所作之書，又略有不同者何耶？

答：澄甫先生現在所練之架子①，惟第二次琵琶式後，又添一摟膝拗步。白蛇吐信之後，又將身體屈回，如撇身錘②後之搬攔錘一樣，此則無甚大關係者也。蓋若遇地方寬闊之處，左右摟膝拗步，本可多打數次，不但左摟膝可加，右摟膝亦可加。琵琶式變搬攔錘，與拗步變搬攔錘，均無不可。至於白蛇吐信之後，澄甫先生教余之時，本未回身，若敵拳來擊，吾以左手接其肘，以右拳擊其肋下，故稍坐腰即將拳打出，更為簡便。兩次撇身錘後，及彎弓射虎後，均係回身，蓋已有三次矣。

【注釋】

①澄甫先生現在所練之架子：楊澄甫先生，在北京期間與南下上海、杭州期間，拳架也多有變化。

二水按：許霏厚編著的《太極拳勢圖解》，書中採用的拳勢繪圖與陳微明先生《太極拳術》中楊澄甫老師所贈的中年拳架，一一對照，結果顯而易見：許霏厚為北京體育研究社編著的這本太極拳推廣教材，最終是以楊澄甫老師的中年拳勢作為推廣範例的。從許霏厚《太極拳勢圖解》入手，可以還原楊澄甫老師在北京時期的拳架。而楊澄甫《太極拳使用法》或《太極拳體用全書》，則是楊澄甫老師南下上海、杭州後的拳架，可以作為楊澄甫老師晚年定式架的典範。所以，對照閱讀《太極拳勢圖解》《太極拳術》《太極拳使用法》或《太極拳體用全書》，就能清晰地看到楊澄甫老師的拳架變化軌跡，這對深入研究拳理拳史，頗有裨益。

不管是大架、中架還是小架，也不管是新架、老架、還是其他架子，拳架，只是指月之手。《楞嚴經》云：「如人以手，指月示人。彼人因指，當應看月。若復觀指以為月體，此人豈唯亡失月輪，亦亡其指。」每一位太極拳習練者，在天心月圓之前，或許心存陰霾，須得明師指月相示。無論指月之手，是大拇指還是食指中間，還是無名指小指，我們不能死盯著手指，而錯失皓月當空。「每年練一萬遍拳，二十年不懈」云云，在二水看來，倘若心無昭朗，亦徒亡失月輪之舉。

②錘：用錘敲打之意，太極拳在搬攔捶、撇身捶、肘底捶等經典式勢中，藉以喻說握拳時的拳勢變化。諸家拳譜中，或作「錘」「捶」「槌」等，今多以「捶」為慣用。後同，不另注。

問：君所增加之長拳，又將反面之式加入何耶？

答：若講練功夫，練太極拳已足，長拳本可不練。余因人身之運動，似宜左右平均發育，故將反式加入。

諸君以此長拳作體育運動之法觀之，可也①。

【注釋】

①諸君……可也：各位把我編的加了左右式的長拳，只當作是訓練人體左右均衡發育的一項體育運動來看待，這就足夠了。

問：太極拳架子如摟膝拗步，必將手往後轉一大圈，然後向前打出，如此迂緩，何能應敵？

答：太極拳之各式，均係圓圈，蓋求其鬆開圓滿，全身轉動，此所以練體也。若求其用，豈能拘定形式①。譬如三百六十一度之渾圓體，用時，僅用一度或半度，均無不可。而練體，則不可。不求其圓滿，若應敵時，亦照練體之迂緩，此真笨伯之流②矣。

【注釋】

①太極拳之各式……豈能拘定形式：太極拳的每一招式，運動軌跡都是圓弧形的，究其原因是，這樣訓練的目的，是為了追求肢體每一關節的節節對拉拔長，肌肉肌腱得以舒展，機體內在的組織乃至每一毛孔都得以擴張，臟腑器官所產生的營衛之氣，就能由裡達外，乃

至彌漫在身軀周邊，這樣，全身轉作裕如，進退得便，人的身軀與周遭空間，就會組成一個有形無形相間的陰陽球體，像是一隻充滿氣體的球，騰騰然在其間，能屈能展，隨感斯應。這是一種訓練體系。就傳者哲學的「體用」而言，這是「體」。倘若就「用」而言，就不能拘於一招一式，圓來弧去地固定式勢了。

②笨伯之流：原意指身體肥大、行動不靈巧的人，此泛指愚笨者。

問：老輩練拳之意思①，雖不能見，亦有所聞否？

答：聞楊少侯先生說，露禪老先生，練單鞭下勢時，以制錢一枚，置於地上，可以用口銜起。又可以以肩靠人之膝，其腰之下如是。班侯先生練拳之時，或面現喜色而冷笑，或忽作怒容而發喊，是所謂帶喜怒者也。此則功夫深到，而自然顯之於外者，非勉強而可學者也。

【注釋】

①老輩練拳之意思：老一輩拳家練拳、推手時的情形與神態。

太極拳之推手

問：初學推手，可用力否？

答：不可用力。《打手歌》云：「掤攦擠按須認真」，掤攦擠按四字，要分清楚。擠、按，坐前腿，掤、攦，坐後腿，先照規矩①，每日打數百手，或數千手，則自然兩腿有根，腰極靈活。一年之後，再彼此找勁。（找勁者，彼此不照規矩，隨意攻擊化解。）找勁不可太早，太早則喜用力，成為習慣。不能得精巧之意。

【注釋】

①先照規矩：規矩者，校正圓形和方形的兩種工具也。規所以正圓，矩所以正方。

二水按：楊氏太極拳老拳論三十二目之「太極正功解」云：「圓之出入，方之進退，隨方就圓之往來也。方為開展，圓為緊湊，方圓規矩之至，其就能出此以外哉。」太極拳方圓相濟，奇正相生之理，多在四正、四隅規矩手中悟得。葉大密先生《柔克齋太極傳心錄》有云：「練架子須先求其方，後求其圓；推手須先求其圓，後求其方。從此去做，始能事半功倍。」行拳走架，先求其方，旨在構建身軀間架，掌握間架運動過程中的法則。兩人推手，先求其圓，意在力戒頂匾丟抗，在沾黏連隨中知覺運動。日久，方極而圓，圓極而方，方圓循環，始得陰陽變化之理。

問：掤攦擠按四字，能包涵無窮之變化耶？

答：此四字內含之意思無窮。即如一按字，有輕靈而進者，有重實而進者，有左重右虛而進者，有左虛右重而進者，有兩手開之意而進者，有兩手合之意而進者①。如一擠字，有正擠者，有偏擠者，有加肘擠者，有換手擠者，而用臂之各點，又時時變換，如此，點之中心已過，即改用彼點，節節是曲線，節節是直線，處處是黏勁，處處是放勁，所謂曲中求直者是也。又有折疊而擠者，或翻上折疊，或翻下折疊，均隨敵人之意而變換之②。如一掤字，或直掤，或橫掤，或在上掤，或在下掤。粘住敵人之臂或手，隨時變換方向。總之，不要敵人在我臂上或身上得有一目的，而可以放勁。若敵人將得有目的，即立時改變其方向，惟須粘住，不可丟離。若敵人丟離，速速打去。所謂逢丟必打是也③。如一擺子。有向上擺者，有向下擺者，有平擺者。擺之中有撅，有機會則用，若用勁整快，則手臂或斷矣④。

【注釋】

①即如一按字……有兩手合之意而進者：拿一「按」字來說，按勁就是將對手當作球體，將其氣充足，富有彈性，然後像拍球一樣，將其一拍而起的勁。但運用時，各有變化。有些按勁，讓人感覺是輕快靈巧，飄逸而入，被按者如球騰起，了無知覺。有些按勁，讓人感覺深沉渾厚，有摧枯拉朽之勢，無可阻擋。有些按勁，或左虛右重，或右虛左重，觸碰之處，讓人無所適從，稍加阻攔，便如球擲壁。從外形上而言，有些按勁，兩手有開展包容之意，讓人無所遁形；有些按勁，兩手有斂合收束之意，讓人避之不及。

②如一擠字……均隨敵人之意而變換之：拿一「擠」字來說，別人觸碰我時，我將自己當作是一個球體，借用別人作用於我的力，來充足自己球體的氣，然後，逆著對手的勁力方

向，我順勢擠壓自己身體這個球體，球體受擠，張力增大；以球體受擠後的張力，作用於人。類似於擠公車，觸碰旁人時，觸碰處須有收斂之意，唯恐碰傷旁人。對手被擠騰起時，擠勁者似還一臉無辜相。擠勁在運用中，千變萬化，後手敷於前手掌或前小臂內側，後手打前手，而前手不能顯形。這種擠勁，可以是正方向擠的，也可以是斜偏方向擠的。還有是將後手敷在另一手肘部，將肘作為鋪墊，兩手合力而擠的。還有左右手互換方向，互作鋪墊擠來的。加墊肘擠，是較為常用的擠勁，大攦中，對手採挒我腕臂時，我即用另一隻手掌敷於被採挒之手的肘部，掌跟前腆敷貼肘彎處，肘部收束內斂，中軸朝著對手中軸方向略微有逼靠之意，這樣，對手採挒我的腕臂觸碰處，便成了我加肘擠勁的作用點。這種擠勁，因為對手採挒我腕臂的觸碰處，在時時變化著，所以擠勁奏效的關鍵之處，就在於該式勢中，我的中軸是否瞄準了對手的中軸線。一旦發現原本瞄準的中心點已過，就得稍稍改變一個角度，重新瞄準。我的手臂節節是曲線，我的中軸瞄準對手中軸的勁力方向線，卻節節是直線，對手觸碰著我的腕臂處，處處得有黏勁，而我瞄準對手中軸線的十字準星線，處處是放勁，這就是老拳論所講「曲中求直」的道理。

另外，擠勁還可以神態上略微的左右顧盼，勁路就會有往返折疊的效果，這樣的擠勁，可以翻上而擠下，也可以翻下而擠上，一切都不是自作主張，而是根據對手的勁力變化，而順人之勢，順勢而為的。

③如一掤字……所謂逢丟必打是也：拿一「掤」勁來說，對手觸碰我時，我隨即將自己身體與周遭的空間，形成一個有形無形的「陰陽球體」，以這個球體的圓弧面與充盈的氣感，去應對對手的勁力。就身形姿態而論，可以是直掤，也可以是橫掤；就作用力的方向而論，可以是上掤，也可以是下掤。其實，一切都是依靠粘（沾）住敵人的臂或手，隨時來變換方向的。總之，對手觸碰在我身上、腕臂時，我須得將球的氣充盈，儘量讓對手感覺像是觸碰到了圓弧面，無從入手，這樣，對手觸碰在你身上，就無所適從，無能為力。倘若感覺到對手在觸碰你時，他將有所企圖，我就得在粘住對手勁力的前提下，略微改變圓弧面的方向，不可丟開對手。倘若一旦發現對手有脫手離開觸碰處的意識，我就得有急速向他要害處擊去的意思，這種攻防意識，經過訓練，就會變成太極拳中的「意念」，這也是其他武術形式中所講的「逢丟必打」的原則。但太極拳，其實僅僅是「打」的意識而已，無須像是散打格鬥一般的滿臉開了個醬油鋪。

④如一握子……則手臂或斷矣：子，蓋「字」之誤。拿一握字來說，握是以己身的「陰陽球體」後側、左右轉動，上下翻轉，來走化對手勁力的勁。是在掤勁的基礎上，加以運化，可以向上握，也可以向下握，可以左右方向的平握。握勁之中最為奇妙的，是在握的過程

中，稍稍改變接觸點的角度，或透過與另一隻手的配合，就可以巧妙地拿住對手觸碰到我身上手臂、手腕或手指，由拿住對手的某一點，進而拿住對手全身的勁力來脈。這與單純依靠速度力量來制約對手關節的擒拿技法，判若雲泥。當然在使用撅勁時，倘若覺得有機會或有必要，也可以用整勁且加以速度，那麼對方的手臂也可能就保不住了。

問：不動步推手與動步推手孰要？

答：不動步推手，所以練腰。腰若靈活，化人之勁而有餘，則可不用步。動步推手，兼練腰步①。若敵人敏捷，則不得不運用步法，與之周旋。既有腰，而步法又活，則變動方向更速，得機得勢，游刃有餘。

【注釋】

①兼練腰步：動步推手時，一方面需要訓練腰軸的運化，另一方面還需要訓練腳步與身體的協同變化。楊式特有的大撅推手，結合四隅手法與四隅步法，進步直行以站位，退步斜行以研圜，更是將手眼身法步在攻防體系中的協同作用發揮到了極致。

問：大攦之用如何？

答：大攦是走四隅：採挒肘靠①。採是採住敵人之手，使之不易變動。挒，是用掌挒之，使敵人欲放勁之時而中斷。肘，是用肘。靠，是用肩。大攦之步法，更大而速，非兩腿有勁，不能輕靈變化。

【注釋】

①採挒肘靠：楊式特有的大攦推手，兩人配合步法，進步肘靠，直行以站位，退步採挒，斜行以研圓，互作採挒對待肘靠，以肘靠對待採挒的訓練。

二水按：大攦推手的訓練法：對手退步採我手腕、挒我手臂時，我直步逼進站位於對手兩腳間，被採挒之手曲張成圓弧，順對手採挒之勢而作肘擊之意；同時，另一手敷於被採挒之手的肘部，作「加肘擠者」，其時，我的中軸已經朝著對手中軸方向略微有逼靠之意。對手隨即起身，放棄採挒。我則撤步站立，乘對手放棄採挒，舊力略過，新力未生之機，斜向退步，以採挒對手之手腕手臂，對手則進步以肘靠對待之。如此循環往復。

問：除掤攦擠按採挒肘靠八法之外，尚有他法否？

答：聞尚有抓筋按脈、閉穴截膜、擒拿蹦放、抖擻切錯諸法①。余不過略聞其名，尚未知其用也。

【注釋】

①抓筋按脈……諸法：楊式太極拳老拳譜三十二目之「太極膜脈筋穴解」「太極節拿抓閉尺寸分毫解」都載有「節膜、拿脈、抓筋、閉穴」四功，「膜若節之，血不周流。脈若拿之，氣難行走。筋若抓之，身無主地。穴若閉之，神昏氣暗。抓膜節之半死，申脈拿之似亡，單筋抓之勁斷，死穴閉之無生」。微明先生所言「余不過略聞其名，尚未知其用也」一節，也能佐證三十二目此四功「如能節拿抓閉之功，非得點傳不可」「此四者雖有高授，然非自己功夫久者，無能貫通焉」，實非欺人語，誠曲高和寡之境也。

問：推手全不用力，若敵力太大，直逼吾身，將奈之何？

答：推手雖不用力，然練之數年，自然生一種掤勁。此種掤勁，並非有意用力，而敵人之力，自能掤住，不能近身。初學者鬆開練習數年，使全身毫無僵硬之處，亦可練習掤勁推手。雖用掤勁，須隨腰轉，俗亦謂之「老牛勁①」。

【注釋】

①老牛勁：透過間架訓練，身形節節對拉拔長之後，渾身有內氣充盈的感覺，每一關節處能斷能連，對手一旦有大力作用於我，我的間架隨之在對手觸碰點上作出圓弧形的張力反應，被接觸點或受對手勁力擠兌，卻能將對手擠兌之勁力，由節節貫穿，作用於對手其他觸碰點上，對手感覺我渾身猶如藤條，或老牛筋一樣的難纏，俗稱「老牛勁」。

問：太極拳推手之意以何為宗？

答：自以王宗岳先生《太極拳論》為宗①。若違乎《太極拳論》之意者，則敢斷言其錯誤。

【注釋】

①宗：宗者，尊祭之神，或人物所歸往也稱為宗。引申為奉作經典的宗旨。《呂氏春秋》云：「以天為法，以德為行，以道為宗。」

二水按：就後世劃分的所謂「陳、楊、武、吳、孫」五式太極拳而言，除了陳式太極拳之外，其他各派都是將王宗岳《太極拳論》奉作圭臬，楊式太極拳甚至將王宗岳的《太極拳論》改作《太極拳經》，作為行拳走架、推手餵勁時的行為模式、價值標準以及思維模式。

問：《太極拳論》之外，尚有發揮精意者否？

答：有李亦畬先生之《五字訣》，發揮拳論之意，亦甚扼要。茲錄其訣如下：

一曰心靜：心不靜，則不專一。一舉手，前後左右，全無定向①。起初舉動，未能由己②，要悉心③體認，隨人所動，隨屈就伸，不丟不頂，勿自伸縮。彼有力，我亦有力，我力在先；彼無力，我亦有力④，我意仍在先（按：此數語，略有語病。應云：無論彼有力無力，我之意總在彼先）。要刻刻留心，挨何處，心要用在何處，須向不丟不頂中討消息。從此做去，一年半載，便能施於身。此全是用意，不是用勁，久之，則人為我制，我不為人制矣⑤。

二曰身靈：身滯，則進退不能自如，故要身靈。舉手不可有呆像，彼之力方礙我皮毛，我之意已入彼骨裡。兩手支撐，一氣貫穿，左重則左虛，而右已去；右重則右虛，而左已去。氣如車輪，周身俱要相隨。有不相隨處，身便散亂，便不得力。其病於腰腿求之。先以心使身，從人不從己⑥，後身能從心，由己仍從人。由己則滯，從人則活。能從人，手上便有分寸，秤彼勁之大小，分厘不錯；權彼來之長短，毫髮無差⑦。前進後退，處處恰合，工彌久而技彌精。

三曰氣斂：氣勢散漫，便無含蓄，身易散亂。務使氣斂入骨，呼吸通靈，周身罔間⑧。吸為合，為蓄；呼為開，為發（按：先天之呼吸之體，吸開呼合；後天呼吸之用，吸合呼開⑨。）蓋吸，則自然提得起，亦拏⑩得人起；呼，則自然沉得下，亦放得人出。此是以意運氣，非以力運氣也。

四曰勁整：一身之勁，練成一家，分清虛實。發勁要有根源，勁起於腳根，主宰於腰⑪，形於手指，發於脊背。又要提起全副精神，於彼勁將出未發之際，我勁已接入彼勁，恰好不後不先，如皮燃火，如泉湧出⑫，前進後退，無絲毫散亂，曲中求直，蓄而後發，方能隨手奏效。此謂借力打人，四兩撥千斤也。

五曰神聚：上四者俱備，總歸神聚。神聚，則一氣鼓鑄⑬，練⑭氣歸神，氣勢騰挪，精神貫注，開合有數⑮，虛實清楚。左虛則右實，右虛則左實⑯（按：此係指自身之虛實而言）。虛非全然無力⑰（按：此力字改作意字佳），氣勢要有騰挪；實非全然占煞，精神要貴貫注。力從人借⑱，氣由脊發⑲。胡能氣由脊發？氣向下沉，由兩肩收入脊骨，注於腰間，此氣之由上而下也，謂之合。由腰形於脊骨，布於兩膊，施於手指，此氣之由下而上也，謂之開。合便是收，開便是放⑳。能懂得開合，便知陰陽。

到此地位，工用一日，技精一日，漸至從心所欲，罔不如意矣㉑。

尚有「撒放密訣」四句㉒：

一曰擎：擎開彼身借彼力，中有靈字。

二曰引：引到身前勁始蓄，中有斂字。

三曰鬆：鬆開我勁勿使屈，中有靜字。

四曰放：放時腰腳認端的，中有整字。

以上乃李亦畬先生所傳，亦甚精要。

【注釋】

①全無定向：此句後，李亦畬抄贈郝和珍藏的《五字訣》（以下簡稱李抄本）中，有「故要心靜」句，微明先生抄錄時，此處疑有脫文。

②已：原文誤作「已」。

③悉心：盡心以對。李抄本作「息心」。息心，來自梵語沙門的意譯，息意去欲，勤修善法之意。

④彼無力，我亦有力：李抄本作「彼無力，我亦無力」。

二水按：微明先生所據之文本，或有訛誤，以至微明先生懷疑此節文辭，有語病。為此在句末括弧中，加以按語，予以修正云：「此數語，略有語病。應云：無論彼有力無力，我之意總在彼先」。

二水以為，李亦畬先生所談論的「彼有力，我亦有力」，這力並非頂抗之蠻力，而是微明先生前述之「然練之數年，自然生一種掤勁」，「此種掤勁，並非有意用力，而敵人之力，自能掤住，不能近身」，此謂之「不頂」。李亦畬先生「彼無力，我亦無力」，也非全然地鬆懈，而須有用心之處，且在用心之處去「凝神聽細雨」，此謂之「不丟」。所以，無論是「我力在先」或「我意仍在先」，李亦畬先生強調的是「要刻刻留心，挨何處，心要用在何處，須向不丟不頂中討消息」，此番「挨何處，心要用在何處」的「討消息」，微明先生的「悉心」兩字，盡心以對，尚且不足以論，唯有如沙門「息意去欲」，方足以「息心」體認之。「息心」之「息」，乃此節「心靜」的根本所在。

⑤則人為我制，我不為人制矣：《管子》卷第四云：「凡國有三制：有制人者，有為人之所制者，有不能制人，人亦不能制者。」《孫子兵法．虛實篇》云：「善戰者，致人而不致於人。」

⑥己：原文誤作「已」。後同，不另注。

⑦秤彼勁之大小……毫髮無差：秤，李抄本誤作「枰」，微明先生改正之。勁，李抄本作「劤」，劤，多力也。同勁。權，衡器。稱重量的器具，如秤、天平等。《孟子．梁惠王上》云：「權，然後知輕重。度，然後知長短。」來，勁力的來龍去脈。

二水按：亦畬先生文風率性，對於勁力的長短、大小、重輕，一一皆只用秤與權。此節闡述與人手談時，捨己從人後，對於對手勁力輕重、大小、長短的細微感知。而這一切，都是建立在「身能從心」「從人不從己」的前提之下。

⑧罔間：無間也。武禹襄以「行氣如九曲珠，無微不到」來解釋「氣遍身軀不稍癡」，李亦畬先生則以「氣斂入脊骨，呼吸通靈，周身罔間」來進一步解釋氣遍身軀，無微不到，強調呼吸開合之要。

⑨先天之呼吸之體……吸合呼開：微明先生按語「先天之呼吸之體，吸開呼合；後天呼吸之用，吸合呼開」，從先天為「體」，後天為「用」角度來分析李亦畬先生的「吸為合，為蓄；呼為開，為發」，不足以闡述太極拳以意運氣的「吸提呼放」法則。

二水按：市井的太極拳界對於呼吸的理解，或往往只是側重口鼻之間的吐納，或動輒濫觴於仙道之流的胎息龜功，而於拳技本身了無補益。楊家拳學者於呼吸與靈活之間的關聯性，其實與李亦畬「五字訣」中「呼吸通靈，周身罔間……蓋吸，則自然提得起，亦拿得人起；呼，則自然沉得下，亦放得人出」有異曲同工之妙。家師慰蒼先生曾云：「將『能粘依，然後能靈活』改作『能呼吸，然後能靈活』，表明了修改者對於太極拳實際功夫的體驗，比原作者更加深入了一層。因為，即使是在一般的推手時，僅僅只在外形肢體上能夠跟隨上對方，還是不夠的，必須在外形肢體上能夠跟隨上的同時，還要在內在呼吸上也能跟得上對方的呼吸，那才真正是全面的所謂『完整一氣』，才真正是裡裡外外的所謂『合住對方』，然後才能既輕鬆而又乾脆地把對方發放出去，更何況，進一步要把它運用到太極散手和太極器械方面去了。」

二水將太極拳理解為「一門調控身心的藝術」，粘依之間，一敷一蓋、一對一吞，透過吸提呼放，掌控自身的拍位，合住對手的節拍，進而去影響或改變對手的節拍，俞虛江《劍經》總訣「知拍任君鬥」，講的就是這層道理。

⑩拏：同「拿」，強調能「牽引」之意，與後文「撒放密訣」中的「擎開彼身借彼力」「引到身前勁始蓄」的「擎、引」意同，也是武禹襄所說的「蓄勁如張弓」者也。

⑪主宰於腰：李抄本作「主於腰間」。武禹襄「打手要言」又曰中係作「主宰於腰」，楊家拳學者，在武禹襄文辭基礎上竄益成的《太極拳論》，此節文字作：「其根在腳，發於腿，主宰於腰，形於手指，由腳而腿而腰，總須完整一氣，向前後退，乃得機得勢。」

⑫如皮燃火，如泉湧出：《萇氏武技書》講點氣有云：「如夢裡著驚，如悟道忽醒，如皮膚無意燃火星……」驚夢、悟道、皮燃、火動、泉湧等譬喻，旨在「提起全副精神」，在「彼勁將出未發之際」，用腰腳來認準「端的」，把握動靜機勢，其時的發勁，其實不是「發」，而是「放」，此武禹襄所謂「發勁如放箭」者也。

⑬鼓鑄：冶煉時，扇熾其火，謂之鼓鑄。

⑭練：李抄本作「煉」。煉，冶金也。

⑮開合有數：李抄本作「開合有致」。開合有致強調的是呼吸開合之間的節拍、韻味與情趣；更合吸提呼放所宣導的「知拍任君鬥」之旨意。

⑯左虛則右實，右虛則左實：李亦畬在王宗岳「左重則左虛，右重則右杳」的基礎上，釋解為「左虛則右實，右虛則左實」，誠如微明先生此句末括弧內的按語所言「此係指自身之虛實而言」，意在以虛實開合來力戒陰陽未辨之病。而王宗岳的「左重則左虛，右重則右杳」，則是指面對對手的勁力而做出的反應。

⑰虛非全然無力：此句微明先生按語為「此力字改作意字佳」。微明先生認為，下文的「氣勢要有騰挪」，不應該是一種「力」，而是「意」，是「總包萬慮謂之心」，久積而成為某種情緒，欲言又止，欲動而未動，卻能顯見於外的一種志向。太極拳的所謂「用意」，所謂「意念」，都應該是指此類騰挪之氣勢。

⑱力從人借：此句之前，李抄本尚有「緊要：全在胸中、腰間運化，不在外面」句，微明先生所據之文本，或有脫文。

⑲氣由脊發：此句之後，李抄本尚有「胡能氣由脊發」句。

⑳氣向下沉……開便是放：當與上文「氣斂」中以意運氣法的「吸提呼放」合參，方能識得內種秘要：

與人接勁，將對手勁力，當作是自身的「氣」，透過「吸」，腰背後靠，肩胯雷根往內抽勁，胸腹往腰背緊貼，對手勁力便能被擎引、牽動，此時肩背鬆開，「氣」由兩肩收入脊骨，再收腹斂臀，尾閭微微前斂，穀道上提，臍下丹田內如置一酒盅，須得擺正，命門上下、左右呈十字舒張，此「氣」之由上而下的路徑，此為吸、為合、為收、為含胸、為蓄勁。蓋吸，則自然提得起，亦拿得人起，此之謂也。

接得對手勁力之後，「拿而後發」的拿，其實就是「拏得人起」的「拏」，牽動對手重心之後，命門原本舒張的十字，上下左右的一鬆開，原本收緊的兩手、兩腿，皆一一舒展開來，「氣」隨著手足四肢的舒展，由腰而形於脊骨，布於兩膊，布於兩腿，原本掏空的胸腹，隨著「呼」氣，身軀中軸整體如彈夾復原，平整前移，施於手指。此「氣」之由下而上的路徑，此為呼、為開、為放、為拔背、為發勁。蓋呼，則自然沉得下，亦放得人出，此之謂也。

㉑到此地位……罔不如意矣：懂得了「吸提呼放」之理，懂得開合，便知陰陽。每天下一份苦工，每天便會有拳藝的提升，如同到了王宗岳所說「陰陽相濟，方為懂勁」之時，「懂勁後，愈練愈精，默識揣摩，漸至從心所欲」，能隨心所欲，也就不會有不稱心如意的事了。

㉒尚有「撒放密訣」四句：對照五字訣：靜、靈、斂、整、聚，「四者俱備，總歸神

聚」，神聚是心靜、身靈、氣斂、勁整之後的水到渠成，因此，「撒放密訣」中四字次序應調整為「鬆擎引放」，「鬆、擎、引」為「吸提」，「放時腰腳認端的」則是呼放。

鬆開我勁勿使屈。中有靜字。

擎開彼身借彼力。中有靈字。

引到身前勁始蓄。中有斂字。

放時腰腳認端的。中有整字。

問：二人比手之時，究以身壯力大為佔便宜，然否①？

答：二人比手，亦猶用兵。多算勝少算，無算者，雖勇必敗。比手，則意多者勝，無意者敗②。蓋彼用之力，我知之甚悉。我用之意，虛實無定，奇正相生。一意方過，二意又發，二意方過，三意又發。老子所謂「一生二，二生三，三生萬物」，變化無窮③。喜用力者，必為力所拘④，不能隨時隨處變化。用意者，屈伸自由，縱橫莫測，機至發動，如電光之閃，炸彈之發，彼雖跌出，尚不知所以然，此意之勝於力無疑也。

【注釋】

①二人比手之時……然否：兩人比試時，最後是身體強壯，力氣大的一方佔便宜，是這樣的嗎？

②二人比手……無意者敗：兩人比試，就像是用兵作戰，籌畫周密的勝於籌畫不周密，沒有籌畫的，所謂有勇無謀，即便勇猛強悍，也必敗無疑。兩人比試也是這樣，善於用意念的，勝於不善於用意念的，只會顢頇用力，不知意念的，一定是必敗無疑。

③蓋彼用之力……變化無窮：原因是，對手所用之力，其力的來源，力的大小、虛實、眞假，力的方向，力的作用點，我一接手之後，透過「知覺運動」，都一一了然於心，非常清楚，在他力作用到我身上之前，我的力已經敷在他力之上，像是手套套著他；我的作用目標，已經接入到他的骨髓，瞄準了他中軸線任何一點上，我想怎麼作用於他的意念，其實還沒明確表態，處於虛實無定的狀態中，根據對方的勁力變化，而互為奇正，一個意念無法奏效，第二個意念已經開始；第二個意念倘若不奏效，第三個意念又產生了。勁力產生，就像是打雷；意念的產生，其實是閃電。意念始終會在對手勁力變化之先，而干擾、作用於對手。老子所說「一生二，二生三，三生萬物」，意念也是這樣，變化無窮，變幻莫測。

④喜用力者，必為力所拘：喜歡用力的人，因為習慣於用力，所以一定會被用力的習慣

所偏限和束縛。孫祿堂《拳意述眞》載郭雲深論形意拳云：「練拳術不可固執不通。若專以求力，即被力拘；專以求氣，即被氣所拘；若專以求沉重，即為沉重所捆墜；若專以求輕浮，神氣則被輕浮所散。所以然者，外之形式順者，自有力；內裡中和者，自生氣；神意歸於丹田者，身自然重如泰山；將神氣合一，化成虛空者，自然身輕如羽。故此不可專求。雖然求之有所得焉，亦是有若無、實若虛，勿忘勿助，不勉而中，不思而得，從容中道而已。」至理之言。

問：推手聽勁（知覺對方用力之方向、長短，謂之聽勁①），只用兩臂，他處亦須聽勁否？

答：聽勁功夫，先練習兩臂，久而久之，全身皆須練習。聽勁，粘在何處，其處皆有知覺，皆能懂勁。敵掌或拳，挨近吾身，皆能化去其力，使之落空，方能謂之真懂勁也。

【注釋】

①聽勁：太極拳專用術語，文字出典蓋始見於此。微明先生以括弧形式，簡要地為「聽

勁」下了一個定義：「知覺對方用力之方向、長短，謂之聽勁」。

二水按：楊式老拳譜三十二目，引入戴東原的「知覺運動」理論，作為人認識世事萬物的立論依據。人的認知過程，是一個不斷由「精爽」進到「神明」的過程。「精爽」的過程，先自知，後知人，尺寸分毫，由尺及寸，由寸及分及毫，允文允武，允聖允神，當階入「聰明睿聖」時，「心之精爽，有思則通……精爽有蔽隔而不能通之時，及其無蔽隔，無弗通，乃以神明稱之」。所以，由「蔽隔」到「精爽」，由「精爽」，而階及「神明」的過程中，「尺寸分毫」即是手段，也是精爽神明後的自然結果。行拳走架，不但要以心行氣，以氣運身，處處設假想敵，拳勢的每一招式，方能有對待之意。另外，還要凝神斂氣，悉心去知覺身形在周遭空氣裡的浮力。這是自知自覺的功夫。

兩人對待之時，覺知對手勁力的陰陽變化，自己勁力也隨之以最為合適的陰陽之數，去對之，或待之，就像洛書裡的正隅之合數，一與九對，三與七對，八以待二，六以待四。與人一接手，覺知對手九分勁力，我則以一對之；覺知對手二分勁力，我則以八待之。對手三分勁力，我六則不及，我八則過。此為覺人知人的功夫，此乃尺寸分毫的進階之途。久而久之，便能由此而懂勁。由懂勁，階及神明後，心由任物，而處物，而應物，乃至應物自然。由此可知，戴東原的「知覺運動」理論，為「聽勁」提供了堅實的理論基礎。

問：粘住敵人，一動手，彼即跌出，是用何法？

答：《太極拳論》云：「有上即有下，有前即有後，有左即有右」①，此三語，最宜注意。所謂誘之以利，攻其不備②者也。孫武子曰：「備前則後寡，備後則前寡，備左則右寡，備右則左寡，無所不備，則無所不寡，寡者，不備之意也」③。蓋備前則忘後，吾攻前，正所以攻後。備左則忘右，吾攻左，正所以攻右。與兵法正同矣④。

【注釋】

①有上即有下……有左即有右：語出武禹襄「又曰」。楊式拳學者在武禹襄文辭基礎上，竄益成《太極拳論》，而將王宗岳的《太極拳論》，升格為《太極拳經》。

②誘之以利，攻其不備：《孫子兵法．始計篇》第一云：「利而誘之，亂而取之，實而備之，強而避之，怒而撓之，卑而驕之，佚而勞之，親而離之。攻其無備，出其不意。」

③備前則後寡……不備之意也：語出《孫子兵法．虛實篇》第六。原文為：「故備前則後寡，備後則前寡，備左則右寡，備右則左寡，無所不備，則無所不寡。寡者，備人者也。衆者，使人備己者也。」

④蓋備前則忘後……與兵法正同矣：微明先生引述武禹襄的三語，再從《孫子兵法》中找到相關的印證，目的是為了解答「粘住敵人，一動手，彼即跌出」的原理。

此句答案為：原因就是，人的習慣在於對前手有準備時，往往就會疏忽後手。我前手粘住對手時，確實有想打他的意念，他對我的前手就會嚴加防範，這時，我前手其實是不動的，而是由後手放勁，將意思貫穿至前手，彷彿是自己的後手在打前手，這樣，對手因為沒有感覺我前手的動作，所以也不至於脫手逃離，而我的勁已經透入他未曾逃離的手，穿透到他的中軸線了。當我後手放勁，他已避之不及，應聲跌出了。左右前後都如此。這與兵法所講的道理也是一樣的。

問：不粘亦可聽勁否？

答：亦或有此理。內家拳不外練精化氣，練氣化神，練神還虛，三種境界①。若能練精化氣，則體魄堅剛，外力不入。若能練氣化神，則飛騰變化，意動形隨。若能練神還虛，則人我兩忘，形神俱遣。至此境界，雖不粘而亦能制人矣。

【注釋】

①三種境界：微明先生所謂的內家拳「練精化氣，練氣化神，練神還虛」三種境界，源出孫祿堂《拳意述眞》郭雲深論形意拳之三層道理、三步功夫、三種練法。三層道理即為：煉精化氣、煉氣化神、煉神還虛。三步功夫為：易骨、易筋、易髓。而三種練法，將三層道理與三步功夫相互串氣曰：明勁，拳之剛勁，易骨者，即煉精化氣，易骨之道也。暗勁者，拳中之柔勁也，即煉氣化神，易筋之道也。化勁者，即煉神還虛，亦謂之洗髓之功夫。

其實，三種境界說，語出宋末道士李道純之《中和集》引用的「丹書」：「煉精化氣，為初關。身不動也，煉氣化神，為中關，心不動也。煉神化虛，為上關，意不動也。」李道純還進一步描述了初、中、上三關修煉要旨：「初關（煉精化氣）先要誠，天癸生時急採之。中關（煉氣化神）調和眞息，周流六虛，自太玄關逆流至天谷穴交合，然後下降黃房，入中宮，乾坤交姤罷，一點落黃庭。上關煉神還虛（以心煉念謂之七返，以情來歸性謂之九還）。」

問：八卦掌，步行圜①式，移步換形，變化無窮，不知太極亦有圓轉之步法否？

答：昔楊少侯先生，曾教余二人右手相粘，由下往上畫一圓圈，兩人之步，亦作圓形向右旋轉，右步在內，一起一落，仍在原處。左步前邁，步落地極輕，所謂「邁步如貓形②」者是也。左手相粘，則左步在內，右步前邁，向左旋轉，此係二人粘手練習，聽勁之意，亦在其內。而移步換形，步法之變法，與八卦無異。

【注釋】

①圜：圍繞，轉圈。通「環」。

②邁步如貓形：語出武禹襄「解曰」之「邁步如貓行，運勁如抽絲」句。

問：黃百家《內家拳法》①有應敵打法，色名②若干，如長拳滾砍、分心十字、擺肘逼門、迎風鐵扇、異物投先、推肘捕陰、彎心杵肘、舜子投井、剪腕點節、紅霞貫日、烏雲掩月、猿猴獻果、綰肘裏靠、仙人照掌、彎弓大步、兌換抱月、左右揚鞭、鐵門閃③、柳穿魚、滿肚疼、連技箭④、一提金、雙架筆、金剛跌、雙推窗、順牽羊、亂抽麻、燕抬腮、虎抱頭、四把腰等名目，今之太極拳，亦有之否？

答：此皆用法之名，太極拳用法，聽人之勁，隨機應變，本無定法。昔時以形之近似，而假以名，歷時既久，未敢強解以說，然其用法，未必盡失其傳也。其要為「敬、緊、徑、勁、切」⑤五字。敬者，時時留意，不敢散漫也。緊者，即粘連逼緊之意也。徑者，近也，用最近捷之法也。勁者，堅剛之意，極柔軟然後極堅剛也。切者，相密切而不丟離也。

【注釋】

①黃百家《內家拳法》：蓋指清初張潮輯編《昭代叢書》時所收錄的黃百家《內家拳法》。其書係從《學箕初稿》之《王征南先生傳》一文，芟其首尾，微加竄益，冠以拳法之名而來。

黃百家（一六四三——一七〇九年）：乳名祝國，原名百學，字主一，號不失，又號耒史，別號黃竹農家，餘姚人，黃宗羲三子。幼承庭訓，博覽群籍，研習天文曆數等，精技擊，從王征南學內家拳。明末隨其父黃宗羲，結寨四明山，抗擊清兵。康熙十九年，明史館聘黃宗義赴京與修，以年老辭。清康熙二十六年，明史館遂延請黃百家、萬斯同赴京入館，撰《天文誌》《曆誌》《勾股矩測解原》《夷希集》《北遊紀方》等。清康熙三十四年，黃宗義謝世後，與全祖望續編黃宗義未竟稿《宋元學案》至百卷。

②色名：花色繁多的名稱種類。現將黃百家《學箕初稿》中的《王征南先生傳》全文備載之，以資研討：

《王征南先生傳》

征南先生有絕技二：曰拳，曰射。然穿楊貫戟善射者，古多有之，而惟拳，則先生為最。蓋自外家至少林，其術精矣。張三峰既精於少林，復從而翻之，是名內家。得其一二者，已足勝少林。先生從學於單思南，而獨得其全。余少不習科舉業，喜事甚，聞先生名，因裹糧至寶幢學焉。先生亦自絕憐其技，授受甚難其人，亦樂得余而傳之。有五不可傳：心險者、好鬥者、狂酒者、輕露者、骨柔質鈍者。居室敧窄，習余於其旁之鐵佛寺。

其拳法有應敵打法，色名若干：長拳滾斫、分心十字、擺肘逼門、迎風鐵扇、棄物投先、推肘捕陰、彎心杵肋、舜子投井、剪腕點節、紅霞貫日、烏雲掩月、猿猴獻果、綰肘裹靠、仙人照掌、彎弓大步、兌換抱月、左右揚鞭、鐵門閂、柳穿魚、滿肚疼、連枝箭、一提金、雙架筆、金剛跌、雙推窗、順牽羊、亂抽麻、燕抬腮、虎抱頭、四把腰等。

穴法若干：死穴、啞穴、暈穴、咳穴、膀胱、蝦蟆、猿跳、曲池、鎖喉、解頤、合谷、內關、三里等穴。

所禁犯病法若干：懶散、遲緩、歪斜、寒肩、老步、腆胸、直立、軟腿、脫肘、戳拳、扭臀、曲腰、開門捉影、雙手齊出。

而其要則在乎練，練既成熟，不必顧盼擬合，信手而應，縱橫前後，悉逢肯綮。

其練法有練手者三十五：斫、削、科、磕、靠、擄、逼、抹、芟、敲、搖、擺、撒、鐮、攔、兜、搭、剪、分、挑、綰、衝、鉤、勒、耀、兌、換、括、起、倒、壓、發、插、削、釣。

練步者十八：墊步、後墊步、碾步、衝步、撒步、曲步、蹋步、斂步、坐馬步、釣馬步、連枝步、仙人步、分身步、翻身步、追步、逼步、斜步、絞花步。

而總攝於六路與十段錦之中，各有歌訣。其六路曰：

佑神通臂最為高，斗門深鎖轉英豪，仙人立起朝天勢，撒出抱月不相饒，揚鞭左右人難及，煞錘衝擄兩翅搖。

其十段錦曰：

立起坐山虎勢，回身急步三追，架起雙刀斂步，滾斫進退三回，分身十字急三追，架刀斫歸營寨，紐拳碾步勢如初，滾斫退歸原路，人步韜隨前進，滾斫歸初飛步，金雞獨立緊攀弓，坐馬四平兩顧。

顧其詞皆隱略難記，余因各為詮釋之，以備遺忘。

詮六路曰：

斗門：左膊垂下，拳衝上當前，右手平屈向外，兩拳相對為斗門。以右足踝前斜，靠左足踝後，名連枝步。右手以雙指從左拳鉤進，復鉤出，名亂抽麻。右足亦隨右手向左足前鉤進，復鉤出，作小踢步，還連枝。

通臂：長拳也。右手先陰出長拳，左手伏乳，左手從右拳下亦出長拳，右手伏乳，共四長拳。足連枝，隨長拳微搓挪左右。凡長拳要對直。手臂向內、向外者，即病法中戳拳。

仙人朝天勢：將左手長拳，往右耳後向左前斫下，伏乳，左足搓左，右手往左耳後，向右前斫下，鈎起，閣左拳背，拘右拳，正當鼻前，似朝天勢。右足跟劃進當前，橫向外，靠左足尖，如丁字樣，是為仙人步。凡步俱蹲矬，直立者病法所禁。

抱月：右足向右至後大撤步，左足隨轉右，作坐馬步，兩拳平陰相對，為抱月。復搓前手，還斗門，足還連枝，仍四長拳。斂左右拳，緊叉當胸，陽面右外左內，兩肘夾脅。

揚鞭：足搓轉向後，右足在前，左足在後，右足即前進追步。右手陽發陰，膊直肘平屈橫前，如角尺樣。左手扯後，伏脅，一斂，轉面。左手亦陽發陰，左足進，同上。

煞錘：左手平陰屈橫，右手向後，兜至左掌。右足隨右手齊進，至左足後。

衝擄：右手向後，翻身直斫。右足隨轉向後，左足揭起。左拳衝下，著左膝上，為釣馬步。此專破少林摟地挖金磚等法者。右手擄左肘，左手即從右手內豎起。左足上前逼步，右足隨進後，仍還連枝。兩手仍還斗門。

兩翅搖擺：兩足搓右作坐馬步。兩拳平陰著胸，先將右手掠開，平直如翅，復收至胸，左手亦然。

詮十段錦曰：

坐山虎勢：起斗門，連枝足，搓向右，作坐馬，兩拳平陰著胸。

急步三追：右手撒開，轉身，左手出長拳，同六路。但六路用連枝步，至搓轉，方右足在前，仍為連枝步。而此用進退斂步，循環三進。

雙刀斂步：左膊垂下，拳直豎當前，右手平屈向外，又左手內。兩足緊斂步。

滾斫進退三回：將前手抹下，後手斫進。如是者，三進三退。凡斫法，上圓中直下仍圓，如鉞斧樣。

分身十字：兩手仍著胸，以左手撒開，左足隨左手出，右手出長拳，循環三拳。右手仍著胸，以右手撇開，左足轉面，左手出長拳，亦循環三拳。

架刀斫歸營寨：右手復叉左手內，斫法同前。滾斫法但轉面，只三斫，用右手轉身。

紐拳碾步：拳下垂，左手略出，右手下出，上進，俱陰面。左足隨左手，右足隨右手，搓挪，不轉面兩紐。

滾斫退歸原路：左手翻身三斫，退步。

綰挹連進：左手平著胸，略撇開，平直，右手覆拳兜上，至左手腕中止。左足隨左手入，斂步翻身。右手亦平著胸，同上。

滾斫歸初飛步：右手斫後，右足搓挪。

金雞立緊攀弓：右手復斫，右足搓轉。左拳自上插下，左足釣馬近半步，右足隨還連枝。即六路拳衝釣馬步。

坐馬四平兩顧：即六路兩翅搖擺，還斗門，轉坐馬搖擺。

六路與十段錦多相同處，大約六路煉骨，使之能緊，十段錦緊後，又使之放開。

先生見之笑曰：「余以終身之習，往往猶費追憶，子一何簡捷若是乎？雖然，子藝自此不精矣！」

余既習其拳，射則以無其器，而僅傳其法。

其射法：

一曰利器。調弓審矢，弓必視乎己力之強弱，矢又視乎弓力之重輕。寧手強於弓，毋弓強於手。如手有四力五力，寧挽三力四力之弓。古者以石量弓，今以力。一個力，重九斤四兩。三力、四力之弓，箭長十把，重四錢五分。五、六力之弓，箭長九把半，重五錢五分。大約射的者，弓貴窄，箭貴輕；禦敵者，弓寧寬，箭寧重。

二曰審鵠。鵠有遠近，欲定鏃之所至，則以前手高下準之，箭不知所落處，是名野矢。欲知落處，則以前手之高下分遠近。如把子八十步，前手與肩對。一百步，則與眼對。一百三四十步，則與眉對。最遠一百七八十步，則與帽頂相對矣。

三曰正體。蓋身有身法，手有手法，足有足法，眼有眼法。射雖在手，實本於身。忌腆胸偃背，須亦如拳法。蹲矬連枝步，則身不動，臂不顯，肩肘腰腿力萃於一處。手法務要平直，必左拳與左肘、左肩，及右肩、右肘，節節相對。如引繩發箭時，左手不知，巧力盡用之右手，左足尖、右足跟與上肩、手相應。眼不可單看把子。蓋眼在把子，則手與把子反不相對矣。只立定時，將左足尖恰對垜心。身體既正，則手足自相應。引滿時，以右眼覷左手，無不中矣。

然此雖精詳纖悉，得專家之秘授者，猶或聞之。

而惟是先生之所注意，獨喜自負，迴絕乎凡技之上者，於拳則有盤斫。拳家唯斫最重，斫有四種：滾斫、柳葉斫、十字斫、雷公斫，而先生另有盤斫，則能以斫破斫。於射，則於斗室之中，張弦白矢，出而注鏃，百發無失。捲席作垛，以凳仰置桌上，將席閣之，使極平正，以矢鏃對席心，離一尺，滿彀正體射之，矢著席，看其矢鏃偏向，或左或右，即時救正之。上下亦然，必使其矢從席鎛，無聲而過。則出而射鏃，但以左足尖對之，信手而發，自然無失。此則先生熟久智生，劃焉心開，而獨創者也。

方余之習拳於鐵佛寺也，琉璃慘澹，土木猙獰。余與先生演肄之餘，濁酒數杯，團團繞步，候山月之方升，聽溪流之嗚咽。先生談古道今，意氣忼慨。因為余兼及槍、刀、劍、鉞之法，曰：「拳成，外此不難矣。某某處即槍法也，某某處即劍、鉞法也。」以至卒伍之步伐，陣壘之規模，莫不淋漓傾倒，曰：「我無傳人，我將盡授之子矣！」

余時鼻端出火，興致方騰，慕睢陽、伯紀之為人，謂天下事必非齷齪拘儒之所任，必其能上馬殺敵，下馬擒王，始不負七尺於世。顧箭術雖授，未嘗習其支左屈右之形。因與先生約，將於明年正月，具是器而卒業焉。

當是時，西南既靖，東南亦平，四海晏如，此眞挽強二石，不若一丁之時。家大人見余跅弛放縱，恐遂流為年少狹邪之徒，將使學為科舉之文。而余見家勢飄零，當此之時，技既成而何所用，亦遂自悔其所為。因降心抑志，一意夫經生業，擔簦負笈，問途於陳子夔獻、陳子介眉、范子國雯、萬子季野、張子心友等。而諸君子適俱亦在甬東。先生入城時，嘗過余齋，談及武藝事，猶為余諄諄愷切，曰：「拳不在多，惟在熟。練之純熟，即六路亦用之不窮。其中分陰陽止十八法，而變出即有四十九。」

又曰：「拳如絞花槌，左右中前後皆到，不可止顧一面。」又曰：「拳亦由博歸約，由七十二跌（即長拳滾斫、分心十字等打法名色），三十五拿（即斫、刪、科、磕、靠等），以至十八（即六路中十八法），由十八而十二（倒、換、搓、挪、滾、脫、牽、綰、跪、坐、撾、拿），由十二而總歸之存心之五字（敬、緊、徑、勁、切），故精於拳者，所記止有數字。」余時注意舉業，雖勉強聽受，非復昔時之興會，而先生亦且貧病交纏，心枯容悴而憊矣。

今先生之死，止七年，干戈滿地，鋒鏑縱橫。吾鄉盜賊亦相蟻合，流離載道，白骨蔽野。此時得一桑懌足以除之，而二三士子猶伊吾於城門晝閉之中。當事者，命一二守望相助等題，以為平盜之政。士子摭拾一二兵農合一之語，以為經紀之才。龍門子《秦士錄》曰：「使弼在，必當有以自見。」言念先生，竟空槁三尺蒿下，寧不惜哉。

嗟乎！先生不可作矣。念當日得竟先生之學，即豈敢謂遂有關於匡王定霸之略，然而一障一堡，或如范長生、樊雅等護保黨閭，自審諒庶幾焉。亦何至播徙海濱，擔簦四顧，望塵起而無遯所，如今日乎？則昔以從學於先生而悔者，今又不覺甚悔夫前之悔矣。

先生之家世本末，家大人已為之志，小子不敢復贅。獨是先生之術，所授者惟余，余既負先生之知，則此術已為廣陵散矣，余寧忍哉。故特備著其委屑，庶後有好事者，或可因是而得之也。雖然，木牛流馬，諸葛書中之尺寸詳矣，三千年以來，能復用之者誰乎？

③鐵門閃：黃百家作「鐵門閂」。

④連技箭：上文引錄的黃百家《學箕初稿》之《王征南先生傳》中，作「連枝箭」。

⑤敬、緊、徑、勁、切：始見諸沈一貫《喙鳴文集》之「搏者張松溪傳」：

「張有五字訣，曰勤，曰緊，曰徑，曰敬，曰切。其徒秘之，余嘗以所聞妄為之解。曰勤者，蓋早作晏休，練手足力，少睡眠。薪水井臼必躬。陶公致力中原，而恐優逸不堪，以百甓從事，此一其素也。

曰緊者，兩手常護心胸，行則左右護脅，擊刺勿極其勢，令可引而還。足縮縮如有循，勿舉高蹈，闊丁不丁、八不八，可亟進，可速退。心常先覺，毋令智昏。立必有依，勿處其後。衆理會聚，百骸皆束，畏縮而虎伏。兵法所謂始如處女。敵人開戶者，蓋近之。曰徑，則所謂後如脫兔，超不及距者。無再計，無返顧。勿失事機，必中肯綮。既志其處，則盡身中一毛孔力，咸向赴之。無參差，若貓捕鼠。然此二字，則擊刺之術盡矣。曰敬者，儆戒自將，勿露其長。好勝者，必遇其敵。其防其防，溫良儉讓，不忮不求，何用不臧。曰切者，一千忍萬忍，掐指咬齒，勿為禍先，勿為福始，勿以身輕許人。利害切身，不得已而後起，一試之後，可收即收，不可復試。雖終身不見其形，不成其名，而亡所悔。蓋結冤業者，永無釋日，犯王法者，終無貰期，得無愼諸。聞張之受於孫惟前三字，後二字張所增也。」

問：太極拳必求其柔，柔之利益何在？

答：求其柔者，所以使全身能撤散，而不連帶也①。假如推其手，手動而肘不動。推其肘，肘動而肩不動。推其肩，肩動而身不動。推其身，身動而腰不動。推其腰，腰動而腿不動②。故能穩如泰山。若放人之時，則又由腳、而腿、而腰、而身、而肩、而肘、而手，連為一氣，故能去如放箭③。若不能柔，全身成一整物，力雖大，然更遇力大於我者，推其一處，則全身皆立不穩矣。柔之功用，豈不大哉。故能整能散，能柔能剛，能進能退，能虛能實，乃太極拳之妙用也④。

【注釋】

①求其柔者……而不連帶也：太極拳所追求的「柔」，目的是為了讓全身關節，節節分散，節節貫穿，節節對拉拔長，在運動或比手時，不至於受牽制。

②假如推其手……腰動而腿不動：每一節都能隨心所欲地「斷」。

③若放人之時……故能去如放箭：每一節都能隨心所欲地「接」。

④故能整能散……乃太極拳之妙用也：因此，太極拳需要練到節節能分散，節節又能整合；處處能鬆柔，處處又能堅剛；隨時能進，隨時能退；處處能虛，處處又皆實。這才是太極拳的精妙功用所在。

二水按：楊式太極拳老拳譜三十二目「太極字字解」，列舉三十六字，從於己於人角度，分析了手眼身法步的要領，執其兩端而用中，戒慎恐懼而慎獨，執中用中而一以貫之，最終將眞假懂勁的界限，落實到「斷」「接」兩字上，認為只要掌握了「斷接」之能，便能見隱顯微，便能階及神明。三十二目之「懂勁先後論」，對此有更近一層的解釋：「夫未懂勁之先，長出頂匾丟抗之病。既懂勁之後，恐出斷接俯仰之病。然未懂勁，故然病亦出，勁既懂，何以出病乎。緣勁似懂未懂之際，正在兩可，斷接無準矣，故出病。神明及猶不及，俯仰無著矣，亦出病。若不出斷接俯仰之病，非眞懂勁，弗能不出也。」斷接之要，須從

「柔」處著手，明矣。

問：太極拳不用抵抗力，何以推不能動？

答：太極拳雖不用抵抗力，然不用力而練出之掤勁，極為圓滿①，不但兩臂有之，全身處處皆有。故功夫深者，彼雖有時不用化勁，而亦推之不動，其抵抗力實為極大，此非有意之抵抗，所謂重如泰山者是也。

【注釋】

①太極拳雖不用抵抗力……極為圓滿：掤勁，是在節節對拉拔長的基礎上，把自己身體三大節九小節構建成一個能接能斷的活動間架。這一間架與周遭的空間，形成一個有形無形的「陰陽球體」。行拳走架，其實就是在「盤」這個架子。以這個球體的圓弧面與充盈的氣感，去應對對手的勁力，對手觸碰在渾厚球體上，無所適從，無能為力。這便是微明先生所講的「非有意之抵抗，所謂重如泰山者」。

問：有時用力推之，而覺無有，何耶①？

答：此即是化勁。能不丟不頂，其長短、緩急，均與來者適合，如捕風捉影，處處落空。看是甚輕，而不知乃是提起全付精神，運用腰腿，所謂輕如鴻毛者是也②。

【注釋】

①有時用力推之……何耶：有時用力去推別人，突然覺得什麼都推不著，這是為什麼呢？

②看是甚輕……所謂輕如鴻毛者是也：在化卻對手勁力時，貌似很輕鬆自如，其實並非輕描淡寫就能完成的。關鍵之處在於，腰背後靠，中軸竭力後撤至極限，胸腹全然掏空，了無牽掛，只有這樣，才能提起全副精神，兩腳維持中軸穩定的際沿，才能運化裕如，對手一旦觸及你手，就會感覺你的胸腹腰腿之間，猶如懸崖，讓人有如臨深淵之驚恐感，這就是微明先生所講的「輕如鴻毛者是也」。

問：推手之拿法如何？

答：太極之拿①，並非用大力按住，使之不能動也。其原理有三：一，所拿之直線方向，能背住對方之力，不能用力翻過。二，對方之力雖大，我不與抵抗，略隨之起轉一圓圈，則彼力自斷，復隨我之曲線，而轉至原處，不能翻過，此皆含有幾何及力學之理。三，內勁充足，雖輕輕粘住，對方亦不能動。一二，法也。三，勁也②。知法而無勁，有勁而不知法，皆不能拿人，皆不可缺者也。

【注釋】

①太極之拿：太極拳的技法之一，與擒拿之拿迥異。

二水按：擒拿術，以力氣與速度制人於關節處，動輒傷筋動骨。倘若被擒之人，擅太極聽勁，順其勢而為，則能反制。太極之拿，不同拳家，風格也有不同。大致可分作三類：

其一，李亦畬《五字訣》中「蓋吸，則自然提得起，亦拿得人起」之「拿」，此是以意運氣，透過吸提呼放，一接手，便能牽動對手的重心。

其二，三十二目老拳論「太極膜脈筋穴解」之「節膜、拿脈、抓筋、閉穴」裡的「拿脈」。「脈若拿之，氣難行走」，一接手，即能巧妙地管住對手的勁路，把對手預動而未動的勁力，籠蓋起來，像把猛虎關進了籠子。此微明先生所謂「內勁充足，雖輕輕粘住，對方亦不能動」。

其三，拿勁。即微明先生所述之一、二兩種情形。這兩種情形，其實都是「找兩點，打第三點」，三點串成一槓桿，利用槓桿原理，像秤紐、秤砣與秤鉤，巧妙地利用秤紐的裡紐與外紐的變化，作用於對手。

微明先生所述的第一種，係主動出擊，第二種則是先化卻對手舊力，順著舊力，再巧妙地尋找機會，以「找兩點，打第三點」。

② 一二……勁也：微明先生將前述一、二兩類的拿勁技法，歸結為純粹的技巧。而他所說的第三類，「內勁充足，雖輕輕粘住，對方亦不能動」，歸結為「勁」，意思是透過日積月累而養成的功力。

問：《太極拳論》云：「捨己從人」，豈自毫不作主張乎？

答：論①所謂「捨己從人」者，即老子所謂「與之為取也②」。隨彼之長短，則視我之功夫之大小。功夫小者，則隨之必長，必俟其力盡後，方能回擊。功夫漸大者，則隨之亦可漸短，俟其力之半途斷時，即可回擊。功夫愈大者，則隨之極微，彼力已斷，即可回擊。有時粘住彼力竟不能發出，即可放勁，則不必從人而自作主張矣③。

【注釋】

①論：王宗岳《太極拳論》的簡稱。原文為：「本是捨己從人，多誤捨近求遠。所謂差之毫釐，謬之千里。」

②與之為取也：語出老子《道德經》三十六章：「將欲歙之，必固張之。將欲弱之，必固強之。將欲廢之，必固興之。將欲取之，必固與之。是謂微明。柔弱勝剛強。魚不可脫於淵，國之利器不可以示人。」

二水按：老子《道德經》三十六章，從世事萬物「歙」與「張」、「弱」與「強」、「廢」與「興」、「取」與「與」等，兩種極端態勢的相互轉化，來揭示陰陽生息的規律，這便是「起事於無形，而要大功於天下」道微而效明的「微明」，進而闡述了老子一貫以來柔弱勝剛強的理念。

微明先生於此章旨意深相契合，於是以「微明」自號，而行於世。

③隨彼之長短……自作主張矣：詳細闡述了推手實踐中，根據己身功夫進階的過程，捨己從人的四種情形。

第一，我功夫尚淺時，必須順著對方的勁勢，順隨的軌跡長一些，等到他勁力走完了，舊力略過，新力尚未生時，才能回擊。這便是「想要取它，必先給予它」的道理。這有「吞」的意思。

第二，自己的功夫逐漸地增大，那麼順隨對方勁勢的軌跡，也可以縮短，只要等對方勁勢過半，他的勁勢不足以影響我的穩定時，反而可以借用對方尚未耗盡的勁勢，反作用於對手。這有「對」的意思。

第三，自己功夫越來越好，則順隨對手勁勢的軌跡，也顯得很短，甚至微乎其微，只要等對手勁勢稍有落空，即可回擊。此有「蓋」意。

第四，有時候，只要粘住對手，對方彷彿被籠罩在一個無形的大口袋中，任其作為，無濟於事，此有「敷」意，這樣，就不必捨己而從人，直可以從心所欲，自作主張了。

問：放勁時，沉著鬆淨，專主一方，是否全身之勁皆去？

答：是。全身之勁去，故放之必遠。若只兩臂之勁，則有限矣。太極放人之勁極長①，而功夫愈大者，則其動愈短。有時不見其動，而人已跌出，蓋其動雖短，其勁仍甚長也。

【注釋】

①太極放人之勁極長：長勁，是太極拳區別於其他武技最為顯著的特點，與所謂的驚抖冷彈者，有雲泥之別，是「武技」進階為「武藝」最為顯效的特徵。長勁者，放勁者動作幅度愈見其微，而被發放者反應愈見其效。田兆麟老師曾說太極放勁，被發放者手足身軀不受苦楚，而兩腳腳底或許打疼。家師慰蒼先生曾說，太極拳是「討打」的拳，因為被發放者身體尚未任何知覺，動輒被騰空被跌出，身上有無苦楚，遂覺好奇，於是又會央求再試試。是謂之「討打」者。

問：《太極拳論》云：「動中求靜靜猶動①」，如推手之時，動中如何求靜？

答：推手與人相粘，隨人轉動，動之中須有靜意。如動中無靜，是為流動，則動必不能穩。假使敵人，乘我之動而放勁，流動必為人放出。動中有靜，意隨時能聽勁變化，不易為人放出②。

靜之中須有動意。如靜中無動，是為死靜，則靜必不能活。假使敵人，乘我之靜而放勁，死靜必為人放出③。靜中有動，意隨時能聽勁變化，不易為人放出。此最精之理也。

【注釋】

①動中求靜靜猶動：《十三勢行工歌訣》載「靜中觸動動猶靜，因敵變化是神奇」句，武禹襄作《打手要言》解曰：「發勁須沉著，鬆靜，專注一方。所謂『靜中觸動動猶靜』也」「身雖動，心貴靜。氣須斂，神宜舒。心為令，氣為旗。神為主帥，身為驅使。刻刻留意，方有所得……須知：一動無有不動，一靜無有不靜。視動猶靜，視靜猶動。」

②推手與人相粘……不易為人放出：此句談推手時的「動中求靜」。與人推手時，手在順隨別人而轉化運動時，每一動每一轉折，必須有即刻能停頓、能斷接的意思。如果一味地順應別人而動，就像隨波逐流，而無中流砥柱，流中而無留，這樣的「動」，就不能求穩，容易遭人放勁。動中之靜，流中之留，悉數在於「氣須斂，神宜舒」的聽勁。

③靜之中須有動意……死靜必為人放出：此句談推手之中的「靜中求動」。與人推手，對方接我手，他雖不動，我也不能妄動。但我的這種靜態之中，倘若只是一味地順著對手，無所適從，那麼這種靜，稱為死靜。對方可以趁機發放，我則避之不及。靜中之動，精妙之處，也在於「凝神聽細雨」的聽勁。武禹襄《打手要言》解曰「彼不動，己不動；彼微動，

己先動。以己依人，務要知己，乃能隨轉隨接；以己粘人，必須知人，乃能不後不先」句，知己知人，方能隨轉隨接，方能不後不先。

問：推手掤擺擠按，用同一之法，有施之甲而能放出，施之乙不易放出，則又何故？

答：此各人身體剛柔動作之性質不同也。有臂軟而腰硬者，臂硬而腰軟者；有臂腰俱軟者，有臂腰俱硬者，故用同一之法，而效則異①。此則，須捨其活動難放之處，打其不動易放之處；捨其活動難放之時，打其動完易放之時，則每發必中矣②。

【注釋】

①此各人身體剛柔動作……而效則異：微明先生從對手身體「臂、腰」的剛柔程度，來分析「掤擺擠按」同一技法，作用於人，之所以產生不同效用的原因。

②此則……則每發必中矣：不管是臂軟而腰硬，臂硬而腰軟，臂腰都軟、臂腰都硬的，理論上說，對方軟處或軟時，因為「軟」容易變動，所以對方之力不容易被借用，對方節節

之間，不容易被串起，所以發放對手就會相對較難。反之，對方硬處或硬時，因為「硬」，不容易轉接變化，其勁容易被我借用，其節節因硬而已經串成一體，所以發放對手相對就容易。

二水按：此節，微明先生精確地用「處」與「時」來掌控空間與時間。時機的把握和空間的丈量，是太極拳得機得勢的根本，也是太極拳的靈魂所在。有所為，有所不為，為與不為，一切均取決於神速之中機的把握與勢的運用。

問：何謂難放易放之處？

答：譬如甲此處甚活，彼處不活，即打其不活之處，易放之處①。

【注釋】

①易放之處：進一步從對方「活」與「不活」來解釋易放之處，闡述拳勢之中對空間的掌控。

問：何謂難放易放之時？

答：譬如甲正動之時，方向已變，不得中心，是難放之時。此中心將過，得第二個中心，彼來不及變動，則是易放之時①也。

【注釋】

①易放之時：進一步從「動」與「不動」，是否能瞄準對手「中心」來解釋易放之時，闡述拳勢中對時間的掌控。

問：何謂退中求進？

答：假使敵人進迫，我不能不退。然有時手臂粘住之處，隨彼之進而回屈者，而同時身步反往前伸進，彼力完時，我手隨腰放勁，則彼跌出更遠①。

【注釋】

①假使敵人進迫……則彼跌出更遠：此節闡述退中求進。對手勁勢進迫時，我手臂粘住處不動，肘部隨對手進迫之勢而回屈，與自己的兩胯似有合意，肩胯竭力往裡抽勁，而身形則順著內抽之勢，反而「迎而奪之」，此時，對手之進破之勢，如遇一堵牆體，而對手粘我之手，則會有如觸碰一柄利器，避之不及，自然被跌出更遠了。

二水按：家師慰蒼先生一九六一年六月三十日得葉大密老師口授，執筆《醫療保健太極拳十三式》理論部分提綱；同年七月十六日，得葉老師《醫療打手歌》（定稿時改名《揉手歌》），其中即有迎隨之說，終因詩句簡短，無由達意。一九七二年十月，家師作《迎瀉隨補解》以釋之云：

「針灸有迎瀉隨補之法，太極推手亦然。推時於彼勁之方來而未逞之際，進身以遏其勢，謂之迎；於彼勁之始去而未走之時，伸手以送其行，謂之隨。以身手言：迎時身進而手退，身高而手低，故是合、是提、是瀉；隨時手進而身退，身低而手高，故是開、是沉、是補。以呼吸言：迎是吸、是逼；隨是呼、是放。能懂得迎瀉隨補，則手法自無足論矣。然必行之不失其時。若夫於彼勁之已出而迎之，則非頂即抗；於彼勁之既化而隨之，則不匾即丟，是為迎隨之病。未懂迎隨，多犯匾丟；既懂迎隨，多犯頂抗。夫未懂故犯病，既懂又何犯病？蓋後者尚在似懂未懂之間，非眞懂也。不及為匾，相離為丟，匾丟遇補則背，其病在於氣勢散漫；出頭為頂，持力為抗，頂抗遇變必斷，其病在於身滯不靈。氣散身滯，久之以力使氣而不自知，終究莫名其精妙，更無論於通會脫化矣。」

問：太極拳最要是不丟不頂，假使對方能聽勁，二人不丟不頂，則永遠不能將人放出，將如之何？

答：假使對方兩臂均能聽勁，不能得其機會，而身上尚未能聽勁，忽然乘機丟斷，速往身上放勁，亦有時能將對方放出，所謂「勁斷而意不斷①」也。

【注釋】

①勁斷而意不斷：楊式太極拳老拳譜三十二目之「太極字字解」云：「勁斷意不斷，意斷神可接。」

二水按：此節闡述對手兩臂也能聽勁之時，需要用「勁斷意不斷」的斷接之能，來引動對手不由自主的回饋力，進而藉其不由自主地回饋，而得機取之。家師慰蒼先生曾說，太極拳「不丟不頂」只是粗淺功夫，「即丟即頂」方顯斷接之能事。

問：前言不粘之時，亦能聽勁，其情形如何？

答：粘住，人不能將我打出，是能聽粘住之勁。不粘住，人即能將我打出，是不能聽不粘住之勁。不粘住之勁，亦要能聽。無論不防之時，人不能將我打出。則是功夫純到，而能聽不粘住之勁①也。

【注釋】

①聽不粘住之勁：前一則，闡述對手兩臂也能聽勁，須「勁斷意不斷」，以斷接之能來應對之。此則闡述勁意皆斷的不粘手聽勁，則須以「意斷神可解」來應對之。

楊式太極拳老拳譜三十二目之「太極字字解」云：「求其斷接之能，非見隱顯微不可。隱微，似斷而未斷，見顯，似接而未接。接接斷斷，斷斷接接，其意心身體神氣極於隱顯，又何慮不粘黏連隨哉。」

太極拳之散手

問：太極拳之散手，如何用法？

答：太極拳七十餘式，均是散手。

既有散手，何必又習推手之法？蓋太極拳散手之變化，均由推手聽勁而來，能聽勁，則散手方能用之而適當。若不粘住敵人，不知聽勁，則用散手，亦猶外家拳之格打，未必着着適當也①。

《太極拳論》云：「由着熟而漸悟懂勁（着即是散手），由懂勁而階及神明」，可見着熟，是第一層功夫，懂勁是第二層功夫。着熟不難，懂勁最難。

譬如敵人打一拳來，若不先粘住，則不能聽人勁之，不能聽人勁之②，則不能或左或右，或高或低，或進或退，而施用散手。既粘住之後，若敵人手往上起，則亦隨之而起，即可以左手擊其胸部；若敵人手往下落，則隨之下落，以左手擊其面部；若敵人手往前進，勁偏於左，則隨之向左化去其力，即可分手，以左手粘之，騰出右手擊其頭部；勁偏於右，則隨之向右化去其力，以左手擊其頭部，或肩部；若敵人抽拳，則趁勢向前放勁。此略言其大概也。

總之，太極之散手，與他種拳之散手不同。太極拳之散手，是由粘住聽勁而出。他種拳之散手，是離開而各施其手腳，遠則彼此不相及，近身則互相抱扭，仍有力者勝焉。

許君禹生所作《太極拳勢圖解》③，每式之後，均附以應用，甚為詳細。余曾叩之楊澄甫先生，云：「太極拳術，若將散手用法加入，則更備矣。」先生曰：「太極拳散手，隨機應變，無一定法。若會聽勁，則聞一知百。若不會聽勁，雖知多法，亦用不好。故余所著之書，未將散手加入也。」

孫武子曰：「知己知彼」「後人發，先人至」，太極聽勁，全是知彼功夫。能粘住敵人，彼不動，我不動；彼微動，我先動。彼不會聽勁，一動即跌出矣。若太極拳聽勁功夫尚不能到，不能粘住敵人，則不必與人動手可也。

【注釋】

①蓋太極拳散手……未必着着適當也：此節以能否聽勁，能否粘住對手，來區分太極拳散手與外家拳格打之間的本質區別。十分精到。

②不能聽人勁之：似有脫漏之處，依照推手聽勁節補作「不能聽人勁之方向、長短」。

③《太極拳勢圖解》：北京體育研究社編著的太極拳推廣教材。

二水按：其書初版於民國十年十二月，作者許震厚，較初版於民國十年六月的孫祿堂《太極拳學》晚半年，係太極拳界公開出版的第二本專著。其書分上下兩編。上編分別以緒言、太極拳之意義、十三式名稱之由來、太極拳合於易象之點、太極拳之流派、太極拳經詳注等章節，闡述太極拳的理論基礎。首先以「太極拳經」之名，公開了王宗岳的《太極拳論》，且加以詳注，對後世太極拳發展意義深遠。下編分別以太極拳路之順序及運動部點陣圖、太極拳各勢圖解、論太極拳推手術、推手術八法釋名、太極拳應用推手術等，詳盡地闡發了太極拳技藝之精妙。尤其是所例舉七十四式拳勢，一一皆有釋名、動作說明、圖解分解、注意事項、應用等。

許震厚，字禹生，河北宛平人，祖笏臣公，清進士，同治間宦山東，歷官至布政使，屬下多技擊名家，禹生幼年，課讀之暇，每從之研究武技。甲午之役，父仕北京，英年早逝，禹生年屆弱冠，見國體日衰，益勵志習武，廣訪各派名師益友，發憤鑽研，涉歷內外各家。若少林，若六合，若岳氏，若八卦，若通臂，而專功於太極拳，蓋於是時已植其基。以楊氏班侯、健侯，劉氏德寬，宋氏書銘為之師；以紀氏子修，吳氏鑒泉，楊氏少侯、澄甫，劉氏鳳春，李氏存義，張氏玉蓮諸人為之友；復究心陳溝各項拳法，旁及器械，集各派之精華，卓然有所樹立，數十年而不懈，於太極拳擅獨得之秘。民國初年，出任教育部專科系主事，建議學校設置國術課，並成立體育學校，將武術列入學科考試科目。一九一二年十一月，邀北平武術界吳鑒泉、趙鑫洲、葛馨吾、紀子修等創辦北平體育研究社。一九一六年，附設北平體育講習所，延聘吳鑒泉、楊少侯、楊澄甫、劉恩綬、紀子修、劉彩臣等任教。一九一八年，創刊《體育》。一九二九年十二月，宣導成立北平市國術館。編著有《少林二式》《羅漢行功法》《太極拳勢圖解》《神禹劍》《陳式五路太極拳》《中國武術史略》等。

問：若遇他派拳家，手腳極快，一時不能粘住，將奈之何？

答：他派拳，均以離開見長。然離開過遠，亦不能打上吾身。若欲打上吾身，必係手足能相及之處。彼近吾身，則吾可粘之矣。粘住之後，則可聽彼之勁。急動則急應，緩動則緩隨。若遇此時，不可膽小，急進身粘之，粘住則無危險，不粘，則彼可得勢矣①。

【注釋】

①若遇此時……則彼可得勢矣：倘若遇到這種狀況，不可膽怯，要即刻進身逼緊，粘住對手，只要能粘住，對手就無法散手擊打。沒有粘住，那麼對手就能得勢擊打了。

二水按：俞大猷《劍經》總訣歌有云：「視不能如能，生疎莫臨敵。後手須用功，偏身俱有力。動時把得固，一發未深入。打蓢急進鑿，後發勝先實。步步俱要進，時時俱取直。更有陰陽訣，請君要熟識。」臨陣膽怯，則鬥志全泄，不敢進身粘接對手，則易遭對手散手擊打。槍法中，「打蓢急進鑿，後發勝先實」「步步俱要進，時時俱取直」與太極拳進身粘接理同。

問：二人粘手聽勁之功夫略等，亦能施用散手否？

答：此則不易施用。蓋俱能聽勁，則不使之脫離故也。若一方能丟離，而施用散手，則其功夫必較深①。故精於太極者，粘住人，則對方決難以施其散手。故粘手之功夫，至為重要，而不可輕視之也。

【注釋】

①若一方能丟離……則其功夫必較深：在兩人皆能聽勁前提下，一方倘能即丟即頂，接接斷斷，似斷而未斷，似接而未接，則可隨意施之於散手，其功夫一定較對手深厚。

問：攬雀尾之用法如何？

答：敵如右拳打來，我以右手粘之；敵如又用左拳打來，則左手粘其手腕，進右步，如右步本在前，則不必進，以右臂搌之；彼如向後奪①，則趁其奪勁擠之，或按之，看其形勢如何而應用之可也。

【注釋】

①奪：強取。用力改變形勢。

問：單鞭之用法如何？

答：單鞭之用，係應付左右兩面之敵，有時亦用雙掌。

問：吊手有何用？

答：吊手是捲勁①，用時先以指，繼以手指之骨節，繼以手背，繼以腕骨，如輪之向前向下轉動。

【注釋】

①捲勁：太極拳的常見勁別。

二水按：見諸單鞭右手的勾吊，由小指、無名指、中指、食指、拇指，貌似數指，實則指指內扣，同時，勁力逆向由指尖回溯到指梢節、中節、根節，乃至手背、手腕，直到屈肘、鬆肩。這一過程完成了右手手三陽勁路的由外向內，也完成了左手手三陰勁路的由內而外。訓練日久，握拳之捶，不但能拿人於不意，或透入彼髓內，雙手意氣之轉換，亦多圓活之趣。誠如楊澄甫《太極拳使用法》所說「猶如半瓶水，左側則左蕩，右側則右蕩，能如是不但得圓活之趣，更有手舞足蹈之樂。至此境地，若人阻我練拳，恐欲罷不能也。」

問：提手用法？

答：我進右拳或右掌時，敵若以右手下按，我之右腕，則隨其按動而下鬆，以左手分其右手，騰出右手，由下而上提，由腹而胸而下頦而鼻，此向上之提勁也。

問：白鶴亮翅①用法？

答：我進右掌或右拳，敵若以左手往下按我右腕，以右拳回擊，則吾右手隨其下按之勁而下鬆，以左手粘其右拳，略往下採。右手從右邊旋轉而上，以手背擊其太陽穴，此名為反珠掌。

【注釋】

①白鶴亮翅：許霭厚《太極拳勢圖解》白鶴亮翅釋名「此式分展兩臂，斜開作鳥翼形，兩手兩足皆一上一下，一伸一屈，如鶴之展翅，故名……練習此勢，有斜展正展之別，實是一為展翅（斜），一為亮翅（正）。」圖解中，分別勾勒了圖一的展翅（斜）、圖二的亮翅（正）。而之後的微明先生《太極拳術》、楊澄甫《太極拳使用法》還是楊家諸脈傳承的拳勢中，皆不見圖二的亮翅（正）式，而獨獨於吳鑒泉一脈的傳承中，或能見之。

問：摟膝拗步用法？

答：敵擊右拳，我以左手往外摟，以右掌擊其胸部。反之敵若擊左拳，我以右手往外摟，以左手擊其胸部亦可。

問：手揮琵琶用法？

答：敵若以右拳打來，其臂甚直，我以右掌接其腕，以左掌接其肘，往右用腰勁，兩掌相錯，則彼之臂必受傷。若勁整時，則肘處之骨節或斷也，此即握勁，亦謂之撅勁①。

【注釋】

①撅勁：太極拳常見勁別。

二水按：詳見「掤握擠按四字，能包涵無窮之變化耶」問答之注④（第九三頁），握勁時，兩手協同，拿住對手的腕臂或肘肩，做反向拗撅，以拿對手勁源。

問：進步搬攔錘用法？

答：敵若以右拳打我胸部或腹部，則以右拳由上往下接按其腕，手心向上，以左掌擊其面部；彼若以左手接吾左掌，則速以右拳擊其腹部或胸部。即所謂緊三錘①也。

【注釋】

①緊三錘：許靇厚《太極拳勢圖解》釋名云：「此太極拳五錘之一。進步搬攔錘者，與後之退步搬攔錘、卸步搬攔錘之對稱也。」田兆麟老師傳授的楊式中架中，以翻身撇身錘裡的左手劈掌、右手打錘，以及左手劈掌後與右肘形成的撅臂，緊接著右手與左肘之間的撅臂、左手順勢劈掌，這些過渡動作構成了折疊錘，或又稱筋斗錘，再與後式的上步搬攔錘，勢勢連環，合稱緊三錘。微明先生致柔拳社聘任的教練陳志進先生，師承田兆麟老師，他的拳勢名目中依然能見「撇身錘，折疊錘，上步搬攔錘」三勢連環。

問：如封似閉用法？

答：我擊右拳時，彼若左手橫推吾肘，我則以左手，由肘外接其腕，隨彼推勁而往右領，右手騰出適按其肘節，兩手齊按，則彼跌出矣。

問：十字手用法？

答：此我兩手，粘住彼之兩手，有時欲用分勁，或用合勁時用之。

問：抱虎歸山用法？

答：抱虎歸山乃應兩面敵法，故先分手，敵若由右面斜進來打，我即以右手由上接粘之，以左掌擊其面部。設又有敵人由左面來攻，則轉身以單鞭擊之。楊少侯先生云：「抱虎歸山，尚須下身抄虎之前後腿。」蓋又一種練法也。

問：肘下錘用法？

答：此連環三手也，以右掌或拳，橫擊敵之太陽穴。設敵以左手由外來隔，則抽回藏左肘下，以左掌擊其面部。設彼又隔我左掌，則右掌由肘下擊其胸部。三手必有一中也。

問：倒輦猴用法？

答：敵若以右拳擊我胸部或腹部，則以左掌採其右腕，含胸坐後腿，以右掌擊其面部。敵若以左拳擊我胸部或腹部，則以右掌採其左腕，含胸坐後腿，以左掌擊其面部。

問：斜飛式用法？

答：吾擊右掌或右拳時，敵若以左手往右推吾右肘，則以左手從右肘採其左手，騰出右手，向其太陽處擊之。此即挒勁也。

問：海底針用法？

答：敵若握吾右腕時，則用海底針式，彼即不能得力，手必鬆散。

問：扇通臂用法？

答：敵握吾右腕，既用海底針化去其力，彼若上奪，則順勢右手上抬，進左步以左掌擊其胸部。

問：撇身錘用法？

答：我用右肘擊敵，彼若以手下按，則隨其下接之力，沉肘，以拳下擊其胸部，左掌擊其面部，此亦謂之筋斗錘①。

【注釋】

①筋斗錘：肘部一擊一沉，繼而成功之為一錘，陳志進先生謂之折疊錘。

問：扢手用法？

答：掭手本為練腰之要式，兩手如輪，所以攦敵之手也。或敵由後面來擊，我轉腰以臂接之，翻掌擊其肩部。

問：高探馬用法？

答：敵擊右拳，我以左掌接之，以右手擊其面部。

問：右分腳用法？

答：敵若以左掌或拳來擊，吾進右步，以左手接其腕節，以右臂攦之，起右腳踢其腹部。敵若以右掌或拳來擊，吾進左步，以右手接其腕節，以左臂攦之，起左腳踢其腹部。

問：轉身蹬腳用法？

答：敵由後面來擊，則轉身分手擊其面部，隨以足蹬之，使之不能防也。

以下蹬腳，大概相同。

問：栽錘用法？

答：設敵伏身，以手擊吾下部，或摟吾之左足，即以左手摟開，以右拳下擊之。

問：白蛇吐信用法？

答：與撇身錘相同，不過此用掌耳。

問：披身伏虎式用法？

答：敵雙手握我右臂，則右臂隨腰往下往右轉動，則可化彼之力。以左手握其右肘，騰出右手，可以繞上橫擊其頭部。如雙手握我左臂，則向左轉動，以右手握其左肘，騰出左手，繞上擊其頭部。或敵左手推吾右腕，吾以左手由臂下接其左腕，騰出右手，以拳擊其腰部。反之敵若右手推吾左腕，吾以右手由臂下接其左腕，騰出左手，以拳擊其腰部。惟兩足亦必隨勢而邁動，如練拳時之步式。

問：雙風貫耳用法？

答：設吾雙手前按時，敵以兩手下壓，則順勢由下分開，上擊其耳門。

問：野馬分鬃用法？

答：敵若右拳擊吾頭部或胸部，則我以右手往左採之，進左足邁至彼之身後，以左臂進抵其胸，腰往左轉，則彼身必往左跌。敵若左拳來擊，吾左手往左採之，進右足邁至彼之身後，以右臂進抵其胸，腰往右轉，則彼身必往右跌。

問：玉女穿梭用法？

答：敵以右拳或掌擊我頭部，我以左臂上掤，以右掌擊其胸部，凡我臂與彼相粘時，彼手若上起，則可以玉女穿梭式擊之，勢順而易也。

問：單鞭下勢用法？

答：下勢係因敵人猛力往前，則坐身以化其力，然後起而擊之。

問：金雞獨立用法？

答：與敵貼身太近時，則以掌或拳擊其下頦，同時以膝擊敵之小腹。

問：上步七星用法？

答：敵若以拳由下往上擊吾面部，則以兩拳架而放之，此亦截勁也。或同時起右足踢其下部，凡足虛點，皆預備用足也。

問：退步跨虎用法？

答：用上步七星法，設敵力甚大，復往前進，則退步分手，領彼之拳傾向旁側，則起左足踢之。

問：轉腳擺蓮用法？

答：敵若以右拳來擊，吾以右手往右領，以左手推其肘，則可旋轉身軀，以右足踢其背部。

問：彎弓射虎用法？

答：敵若往右推吾右臂，即順其勁往右鬆，彼力盡後，則以右拳轉至彼右脇下，用腰勁回放之。

以上所舉散手用法，不過言其大概。然敵之來勢無定，我何能執一定之法而禦之。總之非隨機應變不可①。若欲隨機應變，非平時推手，練出極靈敏之感覺，雖手疾眼快，亦不能用之密合而無間②。故用散手，仍須由粘手變化而來，不然，雖記得打法解法數百手，亦不能應付千門萬派之拳腳。太極惟有一粘字，千變萬化，皆由粘字而出③。

《太極拳論》云：「人不知我，我獨知人，英雄所向無敵，蓋由此而及也。」蓋推手之法，全是練習知人功夫。他派拳法雖好，惟無推手，故全靠手疾眼快，然一粘住，則不知勁來之方向長短，不免有抵抗或落空之弊。孫子曰：「知彼知己，百戰不殆。」即此意也。

【注釋】

①以上所舉散手用法……總之非隨機應變不可：上面例舉的散手用法，不過只是說些大概的技擊含義，目的是在行拳走架時，意有所附，精神容易集中，便於訓練攻防意識。就像是學習外語，背誦情景對話而已。倘若遇敵對壘，敵人沒有一成不變的一招來，一招去，我也自然不能簡單地用固定的招式去應對。總之，得隨機應變，根據對手實際問話來回答他的問題，而不是生搬硬套情景對話。

②若欲隨機應變……亦不能用之密合而無間：倘若要學會隨機應變，不是透過平時的推

手聽勁、餵勁來訓練靈敏之感覺，即使眼明手快，也不能運用得嚴絲合縫，應對裕如。

③故用散手……皆由粘字而出：倘若要運用於散手，仍然需要透過粘手來隨時斷接對手的身手變化，倘若不是這樣，臨陣時無法粘住對手，無法斷接之能，即便記得數百手的打法解招，也無法應付各門各派千手萬腳的變化。太極拳，說到底就只是一個「粘」字，千變萬化，都由這個「粘」字化出來的。

問：粘住敵人之手，彼若用腳，則將如何？

答：亦可隨時知覺。彼用腿則身必動，彼將起腳，我往下採其手，則彼腿自不能抬起而落下。或彼將起腳我進步，插膽①放之，則彼自立不穩而跌出。蓋兩足立地，尚有時不能立穩，何況一足。敵若用掃腿，均可前進放勁。

【注釋】

①膽：當作「襠」。後同，不另注。

太極拳之勁

問：太極之勁，略分幾種意思？

答：就余所知者，約有粘勁、化勁、提勁、放勁、借勁、截勁、捲勁、入勁、抖擻勁數種。

問：何謂粘勁？

答：粘住敵人之臂，或輕粘之，或重粘之，不使之丟脫，是謂粘勁。

問：何謂化勁？

答：粘住敵人，彼若用力來推，則粘而化之。大概直來之力，用曲線左右引之，使變其方向，是謂化勁。

問：何謂提勁？

答：粘住敵人之臂，彼若用力上翻，則隨之上起，使之腳跟提起，是謂提勁。

問：何謂放勁？

答：敵腳跟提起，身不穩時，則隨其傾側之方向而放之，則毫不費力而跌出必遠，是謂放勁。《太極拳論》云：「蓄勁如張弓，發勁如放箭」①，敵提起時，我勁已蓄，隨其方向，沉著鬆淨，去如放箭。孫子曰：「勢如擴弩，節如發機」②，即此意也。

【注釋】

①蓄勁如張弓，發勁如放箭：見諸武禹襄《打手要言》之解曰。

②勢如擴弩，節如發機：見諸《孫子兵法》兵勢第五：「激水之疾，至於漂石者，勢也；鷙鳥之疾，至於毀折者，節也。故善戰者，其勢險，其節短。勢如擴弩，節如發機。」意思是說：湍急的水流，能漂動大石，那是因為水流所形成的巨大的衝擊勢能；兇悍的猛禽，能一擊折毀走獸，那是因為利用了由上而下的衝擊力與目標之間的時空節拍。所以，善於作戰的人，他能營造銳利的態勢，他能掌控稍縱即逝的節拍。銳利的態勢，就如同滿弓待發的弩；稍縱即逝的節拍，就像搏動弩機的扳機一樣。

問：何謂借勁？

答：敵若前推，則借其前推之力而採之。敵若後扯，則借其後扯之力而放之。左右上下皆然。是謂借勁。

問：何謂截勁？

答：敵若用拳來擊，不及變化，則用截粘。截勁者，即碰勁也，一碰即跌出，此非功夫深者不能也。

問：何謂捲勁？

答：拳到敵身，如鎚鑽①之前進，是謂捲勁。

【注釋】

①鎚鑽：鎚，同「錘」，敲打物件的器具。太極拳技法中，握拳謂之錘。鑽，鉆也，穿物深入者謂之鑽。透如矛矢，鑽之彌堅。太極拳之捲勁，即為握拳作捶，轉臂捷用，藉以將勁勢透入彼身。

問：何謂入勁？

答：掌貼敵身，氣往下沉，掌一閃動，其勁直入內，五臟震動，必受重傷，是謂入勁。

問：何謂抖擻勁？

答：敵若由背後擊來，無暇轉身，則身一抖擻，彼必跌出，此則非到神妙之地不能也，是謂抖擻勁①。

【注釋】

①抖擻勁：田兆麟老師曾有一喻，頗傳神：狗嬉耍雪地，起身一激靈，抖落一地雪屑。

問：勁與着有何分別？

答：着，乃變化之法也。勁即運入着之中。着①有萬，而勁則一。無論何著，勁是一個，惟用時之意不同，故勁亦隨之而變。

【注釋】

①着：着也，招數。王宗岳《太極拳論》之「由着熟而漸悟懂勁，由懂勁而階及神明」之着也。千招萬式，其勁則一，「惟用時之意不同，故勁亦隨之而變」，謂之懂勁也。

問：勁與力有何分別？

答：力是生來本有，勁是功夫練出。生來本有之力，是一種生力，譬如生鐵未經煆煉①。功夫練出之勁，譬如煉鐵而已成鋼。古語云：「力不敵功」，功，即練出之勁也。然各種拳派，均是煆煉，而煉出之勁則又不同。太極拳是鬆散練出，乃柔帶剛之真內勁也。凡堅硬練出者，鬆散無意之時，則勁不存在，被人猛擊不免受傷。而鬆散練出者，鬆散無意之時，勁仍存留，其氣自然充滿全身，無絲毫之間斷，雖被人擊，不致受傷。

【注釋】

①煆煉：煆，「鍛」字之誤。今作「鍛鍊」「鍛煉」。

問：圓勁直勁，是分是合？

答：《太極拳論》云：「曲中求直①」，圓勁之中，必須有直勁；直勁之中，必須有圓勁。若有圓勁而無直勁，則只能化而不能放；若有直勁而無圓勁，則遇有化勁者，必致落空。故圓直二勁②，能融合為一，則善矣。

【注釋】

①曲中求直：見諸武禹襄《打手要言》之解曰：「曲中求直，蓄而後發。」

②圓直二勁：可參閱楊式太極拳老拳論三十二目之「太極正功解」：「太極者，圓也。無論內外上下左右，不離此圓也。太極者，方也。無論內外上下左右，不離此方也。圓之出

入，方之進退，隨方就圓之往來也。方為開展，圓為緊湊。方圓規矩之至，其孰能出此以外哉。如此，得心應手，仰高鑽堅，神乎其神，見隱顯微，明而且明，生生不已，欲罷不能。」

問：硬勁與鬆勁有何分別？

答：硬勁，自握其勁，百斤之勁，打上人身，不過五十斤，一半仍留在巳①身。鬆勁，譬如丟一石塊，務求其遠，若有百斤之勁，則全放在人身上，毫不存留於己身。

【注釋】

①巳：「己」字之誤。

問：用截勁有定時否？

答：用截勁，最要時之恰當，差之秒忽①，則機會錯過。大抵彼勁將發未發，將展未展之時，用截勁最好。

【注釋】

①秒忽：秒，禾芒也，十撮為一秒，以譬時間短暫。忽，如蜘蛛網細者也，十忽為一絲，以喻空間之窄小。

二水按：時機的把握和空間的丈量，始終是太極拳得機得勢的靈魂所在。有所為，有所不為，為與不為，一切均取決於秒忽之中機的把握與勢的運用。

太極拳之導引及靜坐法

問：太極拳與古導引之術同否？

答：古導引熊經鳥申、華佗五禽戲，皆取法於鳥獸，太極，亦有倒輦猴、野馬分鬃種種名目。太極拳不外乎虛實開合，虛實開合，即所以調呼吸也。其最妙處，則在全身運動，極勻而緩，動作勻緩，則呼吸自然深長，故息不必調而自調。導引亦不過假形式之開合，以調其呼吸耳。

《易筋經》《八段錦》，乃一枝一節之運動，太極拳則是全體之運動，可使四肢百體，皆平均發育，毫無偏重之處，此所以能卻病延年也。

《參同契》為丹書之祖，曰：「緩體處空房」①，「緩體」二字，最宜注意，即《太極拳論》所謂「鬆淨」②是也。蓋緩體鬆淨，則氣自沉於丹田。故主張用力者，決不能歸於自然舒適之境，則不可得太極導引之利益，形式雖是，而意則非矣。

【注釋】

① 緩體處空房：見諸魏伯陽《周易參同契・關鍵三寶》第二十二：「耳目口三寶，閉塞勿發通。眞人潛深淵，浮游守規中。旋曲以視聽，開闔皆合同。為己之樞轄，動靜不竭窮。離氣內榮衛，坎乃不用聰。兌合不以談，希言順鴻蒙。三者既關鍵，緩體處空房。委志歸虛無，無念以為常。」

② 鬆淨：見諸楊家傳抄的《十三勢歌》：「刻刻留心在腰間，腹內鬆淨氣騰然」及《十三勢行功心解》：「發勁須沉著鬆淨，專主一方，立身須中正安舒，支撐八面」。李亦畬手寫本作「鬆靜」。家師慰蒼先生在《楊氏太極拳學者修改太極拳經典著作的例證》之四曰：「把『靜』改成了『淨』字，從字義上來說它已含有數量上比較少的意思在裡面了。就拿『腹內鬆淨氣騰然』來說吧，唯其是腹內放鬆得乾淨，內氣才有翻騰上升的現象出現，腹內鬆淨得愈乾淨，內氣也就翻騰得愈厲害。但應該指出的是，這種翻騰現象是動的，而不是靜的，靜了是不會有什麼東西可以翻騰的。」

二水按：微明先生所謂「緩體鬆淨，則氣自沉於丹田」，其實，太極拳練功日久，緩體鬆淨之後，胸腹了無牽掛，全身就會有騰騰然之感，這也便是家師所談及的內氣翻騰現象。楊式三十二目老拳譜之《太極陰陽顛倒解》云：「譬如水入鼎內，而置火之上，鼎中之水，得火以然之，不但水不能下潤，藉火氣水必有溫時。火雖炎上，得鼎以隔之，是為有極之地，不使炎上之火無止息，亦不使潤下之水永滲漏。此所謂水火既濟之理也」，此亦合《周易參同契》「為己之樞轄，動靜不竭窮」之理。徐哲東《太極拳發微》之伏氣，將這層槖籥神息之論談得尤為透徹：「伏氣之法，樞鍵在腰，何以言之？以腰肌之弛張，可使膈膜為升降：腰肌張，則膈膜降，而為吸；腰肌弛，則膈膜升，而為呼。將欲息之出入深細，在膈膜之升降與肺之弛張相應……此和順形氣之法也。惟胸肌與腰肌弛張能相調適，則胸腹之間，一闔一閉，自爾和順……及夫浸習浸和，息之出入，浸斂浸微，遂若外忘其形，而一於氣，內忘其氣，而合於志。」

問：太極拳之呼吸如何？

答：太極拳之呼吸，隨體式之開合：吸為開，呼為合。李亦畬先生云：「吸則自然提得起，亦畬得人起；呼則自然沉得下，亦放得人出。」吸本為入氣，而反為提；呼本為出氣，而反為沉。蓋太極呼吸之升沉，實為先天氣之消息，故與靜坐金丹之訣密合，其所以能卻病延年者，由此也。柳華陽《風火經》云：「吸降呼升」①者，即先天、後天二氣之炁②也。然後天氣吸，則先天炁升焉，升是升於乾，而為採取也；後天氣吸③，則先天炁降焉，降是降於坤，而為烹練也。若以口鼻一呼一吸，為升降者，則去先天之炁遠矣④。按其所言，先天炁之升降，與太極拳內中之消息相同。故太極為動中求靜，輔佐靜功之最要法門。凡認太極拳為武技，專求取勝於人者，豈知此中之玄妙耶⑤。

【注釋】

①吸降呼升：見諸柳華陽《金仙論證・風火經》第六云：「風者，乃煉丹之妙法，即升降之消息。古人喻為巽風，或喻為橐籥。是即往來之呼吸也。火者，煉丹之主，化精化炁之具。風火有同用之機，大丹有修煉之法。」

②先天、後天二氣之炁：柳華陽《金仙論證・風火經》第六云：「呼吸者，後天之炁也；元炁者，先天之炁也。」

③吸：蓋「呼」之誤。柳華陽《金仙論證・風火經》第六云：「後天氣呼，則先天炁降

焉。降是降於坤而為烹煉也。若以口鼻一呼一吸為升降者，則去先天炁遠矣。」

④然後天氣吸……則去先天之採遠矣：此節文字，皆從柳華陽《金仙論證・風火經》第六中化出。原文為：「吸降呼升者，即先天後天二炁之機也。然後天氣吸，則先天炁升焉，升是升於乾，而為採取也；後天氣呼，則先天炁降焉，降是降於坤，而為烹煉也。若以口鼻一呼一吸為升降者，則去先天之炁遠矣」「乾坤闔闢，陰陽運行之機，一吸則自下而上子升，一呼則自上而下午降，此一息之升降也」「此皆言先天後天二炁消息之機也，乾者，首也，為天，故位居上。坤者，腹也，為地，故位居下。闔闢者，乃內外呼吸之元機。蓋外面之氣降裡面之炁則過我而升，外面之升裡面之炁則過我而降，此乃周天之秘機，凡夫豈能知之。」

⑤凡認太極拳為武技……豈知此中之玄妙耶：凡是只將太極拳當作是一門武技的那些人，他們專門追求以太極拳技法如何去取勝於人，他們這些人，怎麼能知道拳技進乎道學的奧妙所在呢？

二水按：楊式太極拳老拳譜三十二目「口授張三豐老師之言」云：「前輩大成文武聖神，授人以體育修身，進之不以武事修身。傳之至予，得之手舞足蹈之采戰，借其身之陰，以補助身之陽……如此者，是男子之身，皆屬陰，而採自身之陰，戰己身之女，不如兩男之陰陽對待，修身速也。予及此，傳於武事，然不可以末技視。依然體育之學，修身之道，性命之功，聖神之境也」，太極拳作為自我人格修煉，在「至於用力之久，而一旦豁然貫通」之後，所能逐一進階的「希賢希聖」「曰睿曰智」「乃聖乃神」「盡性立命」「窮神達化」的功效，而絕非僅僅只是武技之末技，也絕非只是健身之體操，更絕非只是老年人的摸魚切瓜遊戲。

太極拳獨特的推手訓練，兩人相對，四手相待，互相以粘（沾）黏連隨，去知覺相陰陽之氣的消長變化，或主動或被動，不偏不倚，不將不迎地去處理其間勁力意氣的變化，克服頂匾丟抗之病，對世事萬物的感知覺察能力，由粗入細，逐漸精爽，乃至神明。這種修身方式，較之獨自「以一陽，採戰全體之陰女」，歷經周天七十二候，待一陽初生，沿著二十四椎，逆行而上，或羊車，或鹿車，或牛車，日夜不分，天機不動，過三關，經九轉的內丹修煉法，更為便捷與高效。老拳譜極具智慧的將推手（對待者數）與行拳走架（流行者氣），融合在盡性立命的修身之上（主宰者理），藉此以審視太極拳的核心價值之所在，才能眞正理解下文：「予及此，傳於武事，然不可以末技視。依然體育之學，修身之道，性命之功，聖神之境也」，拳拳之忠，苦口婆心可鑒。

問：取名太極，究係何意？

答：太極本一圓形，為陰陽渾合之一體。太極拳處處求圓滿，分陰陽虛實。故以為名。

然此尚是形容其外之體用也，不知人身中間一穴，為立命之處，名為大中極①。大者，太也。此穴，即人身之太極中點。立爐安鼎，坎離交媾，即在此處。太極拳運轉先天之炁，凝神入氣穴。不久則丹生焉。故太極拳能通小周天之氣，較之但枯坐者更為速焉。

【注釋】

①大中極：王執中《針灸資生經》云：「丹田，一名大中極，言取人身之上下四向最為中也。」

問：練太級拳兼習靜坐可否？

答：兼習靜坐，自與養生卻病更有效益。

惟靜坐之功，難得真傳，傳授不好，往往流弊甚大，不但無益而反有害。如欲兼習靜坐，無真傳口訣，即照練太極拳之意，跏趺而坐。須有虛靈頂頸，尾閭中正，兩目垂簾，兩手相握抱臍，收視反聽①，回光反照②，謹閉五賊，恐被盜馳。謹於眼，則目不外視，而魂歸肝；謹於耳，則耳不外聽，而精歸腎；謹於口，則兌合不談，而神歸心；謹於鼻，則鼻不外嗅，而魄歸肺；謹於意，則用志不分，而意歸脾。精神魂魄意，心肝脾肺腎，金木水火土，耳目口鼻意，攢簇各歸其根，各復其命，則天心自見，神明自來，必有特別感覺發現，而自與凡人不同矣③。

柳華陽注重風火，火者，神也；風者，先天之呼吸也。何以能練神化氣？如水，必賴火烹而後發為蒸汽，精者，水也，若用神火下照，則精自可化而為氣矣。神火下照，有時恐力不足，故鼓巽風以動之，則火必旺，亦由鑄金者之鼓，其風箱也④。太極拳之能調呼吸，即風火之用也。如蒸汽機，借火力以烹水，發為蒸汽，而數萬噸之重量，可以鼓動。而人身之精氣神三寶，若能保守煅煉，其神通亦不可思議矣。

【注釋】

①收視反聽：不看不聽外界聲色，形容專心致志，心不旁騖。見諸陸機《文賦》：「其始也，皆收視反聽，耽思傍訊。」

二水按：古代養生術中有「內視反聽」說，講的是輕閉眼簾，不看外界之物，眼睛微微朝眼底內視，似有能看透自己眼底，甚至看透頭顱、胸腹腔之意。之後，將耳尖豎起，耳垂下墜，凝神息慮，耳朵似聽不到外界嘈雜之聲，而兩耳廓彷彿是能接收來自自己內心所有資訊的衛星接收器。嵇康《答難養生論》：「若比之於內視反聽，愛氣嗇精，明白四達，而無執無為，遺世坐忘，以寶性全眞，吾所不能同也。」葛洪《抱朴子・論仙》云：「學仙之法，欲得恬愉淡泊，滌除嗜欲，內視反聽，屍居無心。」

②回光反照：也作「迴光返照」。指太陽落在地平線下後，因反射作用而顯示短暫日落鏡像。以喻人臨死前短暫的精神興奮，微明先生不泥文執象，以回光反照，以求身中之日月晦朔，藉此以喻人的自我省察。延壽禪師《宗鏡錄》卷四十四云：「遂使初心學者，信有所歸，便能息外馳求，回光反照，頓見自己，了了明心，如正飲醍醐，親開寶藏，方悟隨言之失，深慚背己之愆。」

③謹閉五賊……而自與凡人不同矣：由丘處機《大丹直指·論回光調息》一節文字化出。原文云：「是工用久，心內自悟，五賊先去。五賊，乃眼耳鼻口意。眼不外視而內照，則魂在肝，而不從眼漏；耳不聞聲而返聽，則精在腎，而不從耳漏；鼻不嗅味而調息，則魄在肺，而不從鼻漏；口不開言而塞兌，則念在脾，而不從口漏；意不妄想而默守，則神在心，而不從意漏。如此精神魂魄意，攢簇在坤位，則獨修無漏矣。」微明先生在引用時，將「口不開言而塞兌，則念在脾，而不從口漏；意不妄想而默守，則神在心，而不從意漏」，倒作了「謹於口，則兌合不談，而神歸心」「謹於意，則用志不分，而意歸脾」。

④柳華陽注重風火……其風箱也：從柳華陽《金仙論證·風火經》第六：「風者，乃煉丹之妙法，即升降之消息。古人喻為巽風，或喻為橐鑰，即往來之呼吸也。火者，煉丹之主，化精化炁之具。風火有同用之機，大丹有修煉之法」句化出。橐鑰，古代冶煉時用以鼓風吹火的裝置，猶今之風箱。

二水按：人直立行走，區別於四肢爬行的動物，命門所處的「七節之旁，兩腎之間」，在人成年之後，通常是處在凹陷的狀態。只有透過「含胸拔背」「收腹斂臀」，才能將命門處，原本凹陷的位置凸顯出來。透過呼吸的配合，人在吸氣時，「拔背」與「斂臀」，旨在將大椎上下對拉，節節拔長。與此同時，透過「含胸」與「收腹」，隨著吸氣肌（膈肌與肋間外肌）收縮，胸膈隆起的中心下移，從而增大胸腔的上下徑，使得胸腔和肺容積增大。而呼氣時，只是由膈肌和肋間外肌舒張的結果，肺依靠本身的回縮力量，而得以回位，並牽引胸廓縮小，恢復吸氣開始的位置。一吸一呼，一捲一放，一蓄一發，一合一開，一入一出，隨著命門所處位置的上下向、左右向的一張一弛，完成了對於「心火」「腎水」的一降一伏。楊式老拳論三十二目「太極文武解」云：「夫文武尤有火候之謂，在放捲得其時中，體育之本也；文武使於對待之際，在蓄發適當其可者，武事之根也」，此謂陰陽顛倒之理。

「太極陰陽顛倒解」更為詳實地描述了「降龍伏虎」的過程：「如火炎上，水潤下者，水能使火在下，而用水在上，則為顛倒。然非有法治之，則不得矣。譬如水入鼎內，而置火之上，鼎中之水，得火以燃之，不但水不能下潤，藉火氣，水必有溫時。火雖炎上，得鼎以隔之，是為有極之地，不使炎上之火無止息，亦不使潤下之水永滲漏。此所為水火既濟之理也，顛倒之理也。」

《性命圭旨》的「火候崇正圖」注：「眞橐鑰，眞鼎爐，無中有，有中無，火候足，莫傷丹，天地靈，造化慳。」丘處機云：「眞火者，我之神也。而與天地之神，虛空之神，同其神也。眞候者，我之息也。而與天地之息，虛空之息，同其息也。」

吸氣時腰背拔伸而不變形，而胸腹內陷，呼氣時復原，此時的一吸一呼，猶如一具一半由竹片木板、一半由牛皮製成的風箱，「天地之間，其猶橐籥乎？虛而不屈，動而愈出」，人生的小天地，所謂的橐籥，所謂的鼎爐，所謂的火候，所謂的刀圭金丹，無非只是透過調息，鍛鍊與神往來的魂，與並精出入的魄。聚精會神，火候神息之後，才能讓原本隨時有可能魂飛魄散的「心」打包，上傳在雲端，之後，當「身」這台電腦硬體徹底壞了，軀體腐朽之後，新的電腦硬體能夠因緣際會，再從雲端下載那顆不朽的「心」，這才能與天地、與虛空同神同息了；這才是叔孫豹所謂的「死而不朽」；這才是孟子所謂的衝塞天地的浩然之氣；這便是仙道的本體虛空，超出三界；這便是佛學的不垢不淨，不生不滅；這才是「執中」「守中」「空中」；這才是太極拳最為崇高的定位。

問：練太極拳可以代靜坐否？

答：何嘗不可。靜坐妄念難除，練太極拳精神貫注，可以毫無妄念，及至心平氣靜，人我俱忘，境界微妙，身體舒適，難以言語形容，是可謂之入太極三昧。

學太極拳者之體格及成就

問：如何體格，學太極拳最為相宜？

答：無不相宜。惟體格軟硬，習之略分難易耳。大概體格瘦者，較為靈活，而厚重則遜之，肥者較為穩厚，而不免於拙滯。各有所長，亦有所短，然若能勤練功夫，其成功一也。

問：練功夫者雖多，而真能成為名手，則不多覯①，是何故耶？

答：吾聞之楊澄甫先生云：「成為名手，一要傳授好；二要肯下功夫；三要體格雄厚而又活潑；四要心精細而能領會。四者俱全，若下十年苦功，未有不成名者也。」

問：譬如一人有力，一人無力，同時學太極拳，自以有力者優勝？

答：若初學數年之間，尚未懂勁之時，不免有時頂撞，自有力者勝。若懂勁之後，能不丟不頂，而腰腿又靈活，至此之時，則有力者亦未必佔便宜也。

問：功夫之深淺，如何評論？

答：自表面觀之，二人比手，自有勝負。若精密論斷，譬如一人體格雄厚有力，一人體格單弱無力，若此二人比手，雄厚者不能將單弱者打出，則此單弱者之功夫必甚深，應當評為較優也。蓋就原人而論，自是強勝於弱。強不勝弱，則強者之功夫，不及弱者明矣。

問：拳有各派，與相詆訾②，非真比手，不能斷其優劣？

答：雖真比手，亦難評斷。蓋習甲種拳者，只有三年功夫，而習乙種者，有五六年功夫，而乙勝，此乃甲之功夫不深，非拳派之劣也。若欲精密比較，須選年歲、體格、力量、智慧無不相同之人，同時各學一種拳術，教授者又均是名手，五六年之後，約相比較，如此或可以定拳派之優劣耳。

問：練太極拳宜緩，若表演時，太緩則人厭觀，尚不如外家拳之有精神，應如何而能引起觀者之興味？

答：太極拳精神內斂，非真識者不能知，本不宜於表演。蓋太問拳③，本為修身練己之功夫，非博人之喝采④也。惟太極拳為最適宜於養生之運動，不能不加以提倡，表演之時，不可太慢。余每見前輩功夫好者，自己練習與表演不甚相同。識是故也。太極拳，二人活步推手，圓轉變化，其精彩不下於外家拳之對打，亦可引起觀者之興味。

問：欲成出類拔萃之名手，功夫如何練習？

答：須先有五種心：

一、信仰心。學一種拳術，必須有絕大之信仰，不可稍存懷疑之意。

二、尊重心。既擇師而從，須尊重恭敬，不可稍存玩狎之意。

三、有恒心。人而無恒，不可以作巫醫，學拳術更非有恆不可。

四、忍耐心。五年不成，期之十年，十年不成，期之二十年，雖資質魯鈍，一時難見功效，若有絕大之忍耐力，未有不成者也。

五、謙遜心。功夫雖小有成就，不可自以為高絕無對手。無論何種拳術，必有其特長之處，皆須虛心研究，然後能知己知彼，而不致因驕以失敗矣。

【注釋】

①覯：遇見也。

②與相詆呰：「詆呰」亦作「詆訿」，相互譭謗，相互非議。

③太問拳：蓋「太極拳」之誤。

④喝采：亦作「喝彩」。

太極拳之效益

問：練太極拳於身體究有效驗否？

答：余創辦致柔拳社已四載餘，入社學者，不下千餘人，皆為身體病苦而來者。一年之後，宿疾脫體，精神健旺，顏色光潤，無論肺病咯血、胃病不能飲食、遺精、痔瘡、頭痛、頭暈、手足痲木、肺胃氣痛，種種沉疴，不勝枚舉，練太極拳後，莫不霍然①。此本社已見之明效大驗也。

【注釋】

①霍然：病體霍然而癒，有煥然霧除，霍然雲消之感。

問：女子宜練太極拳否？

答：女子身體柔順，練太極拳尤為相宜。本社女子因病來學者，均已健壯。有廣東梁璧疊女士，從余學二年，曾作文一篇，錄於後，女界①不可不注意也。文曰：

吾雖為女子，而體質非弱，惟性好靜，終日默坐，專心學問，以為立身處世之本。對於修養健康之道，素不講求，日積月累，遂覺氣不足以舉其體，馴至脾失健運②，患胃病者垂三四年，日與藥爐為伍，視世間如地獄，無復一毫生人樂趣③。一二名醫告吾曰：「此病非藥可治，首須節勞，又須稍事於勞④，所謂稍事於勞，蓋指體育運動言也。」予是時一笑置之，第念生性好靜而不好動，若勉作運動，反增其苦⑤。於是轉習畫，欲以筆墨點綴花木禽魚，揮灑煙雲山水，為陶冶性情之資。然於病仍不減，於藥亦不能為效。計無復之，回念醫者曩告吾言，意稍稍動⑥。

適湖北陳微明先生，在滬設立致柔拳社，以太極拳教授男女生徒甚眾，學者各有所得，有宿疾無不盡去。吾父勸吾入社習拳，吾以太極為理中氣，為天道之行健，與調和人身氣血之至理相通，乃毅然入社，時丁卯夏六月⑦也。習拳法未一月，食量頓增；三月後，體量加重約五之一，向所不能為之事，今皆能之，向以為苦者，而今則以為樂⑧，精神暢遂，體質豐腴，朋友親戚相見，幾不能識，吾亦不知何以收效如此之速也。嗣知太極拳法，渾圓無極，歸於一氣，本天地造物之通於人身者⑨，復隨其機而運用之，使血脈永無凝滯，葆先天之靈明，得後天之長養，正者引之而無盡，邪者格然而不能入⑩。

顧太極拳，法取柔，莊子謂：「天下至柔，馳騁天下至剛」；老子謂：「柔制剛，弱勝強」，天演之理⑪。故能收益一切，不用力，而力自生，不傷氣，而氣愈足。諸種內家拳術，以太極拳法為最圓滿。相傳，人得之者，可以輕身而延齡。雖不必盡信，而吾之所得，已如此矣。陳先生嘗語予曰：「汝之始來，為卻病也。繼自今，久習勿怠，他日所進，將有不可限量，不可思議者。」夫吾於太極拳法，其所以學之，與其所得之者，固大有感於其中，深恨得先生太晚，又焉敢怠哉⑫。

以上梁女士所述，足見太極拳尤益於女子。惟須有恒心，不淺嘗輒止，未有不見效者也。

【注釋】

①女界：對女性同胞的總稱。

②馴至脾失健運：凡以漸而至，謂之馴。意為：「漸漸地導致脾的運化功能失常，面黃肌瘦，消化不良，四肢乏力」。

③無復一毫生人樂趣：不再有一絲一毫健康人的生活樂趣。

④首須節勞，又須稍事於勞：首先得節制，避免過分疲勞，但又得適度運動，以增強體質。

⑤第念生性好靜而不好動……反增其苦：只是考慮到平素裡生性好靜而不好動，倘若勉強運動，反而增加身體不適。

⑥計無復之……意稍稍動：再也沒有其他計策可用了，回頭想起醫生之前告訴我的話，讓我適度運動，我好靜而不好動的心，開始稍稍有所動搖了。

⑦丁卯夏六月：一九二七年六月。

⑧向所不能為……而今則以為樂：以前不能做的事情，現在都能做了，以前覺得做起來很辛苦的事情，現在做起來反而覺得很愉悅。

⑨嗣知太極拳法……本天地造物之通於人身者：接下來才知道，太極拳法，是渾圓無極，歸結為一氣。這一氣，一靈炯炯，一氣氤氳，原本就是天地造物之大太極與人身小太極相映相通的。

⑩復隨其機而運用之……邪者格然而不能入：這天地與人身相映相通的「氣」，之後又隨其機緣，加以運用，使得全身脈絡暢通，一方面能保持先天的聰明智慧不流失，另一方面還能得到後天的滋養，培本固元。使得正氣浩然盛行，引之而無盡，使得邪風蕩然無存，格格而不入。

⑪顧太極拳……天演之理：回頭來看太極拳，選取「柔」作為可供效仿的準則，莊子曾說：「天底下最為柔和的東西，可以驅使天底下最為剛強的東西」；老子也說：「柔能制約剛，弱能勝過強。」這也是大自然的客觀規律。

二水按：「天下至柔，馳騁天下至剛」，係出老子《道德經》四十三章：「天下之至柔，馳騁天下之至堅。無有入無間，吾是以知無為之有益」，並非莊子之言。「柔制剛，弱勝強」，係出老子《道德經》第七十八章：「弱之勝強，柔之勝剛，天下莫不知，莫能行」；第三十六章中：「將欲歙之，必固張之。將欲弱之，必固強之。將欲廢之，必固與之。將欲取之，必固與之。是謂微明。柔弱勝剛強。」

⑫夫吾於太極拳法……又焉敢怠哉：回頭來看我與太極拳的這段緣分，從我之所以來學拳的過往，還是而今太極拳所給予我的所知所得，我的內心種種感想感慨，實在是太多太深，能明確表達的一點就是，我深深感到認識微明先生實在是太晚了，而今，我只有繼續努力練習，那麼怎敢會有怠慢之心呢。

太極拳之單式練法

問：太極拳既有益於人生如此，則必須求其普及，使人人可學，而出版之太極拳書，又難一覽明瞭，必須如何能使人無師而自習耶？

答：太極拳之運動，均是曲線，相連不斷，頗為繁複。余所著之《太極拳術》，敘之非不詳，然未學者，欲觀書而得之，亦非易事，蓋非口傳心授不可也。昔許宣平所傳之三十七勢，均為單式教練，今可取其意，將太極拳中最要之式擇出，分式練習，如八段錦等法，無相接連貫之繁，苟敘之清晰，較易按書學習。

今特分為以下十式：

一、太極起式　　二、攬雀尾左右揉手

三、左右摟膝拗步　　四、十字手
五、左右抎手　　六、左右打虎式
七、左右雙風貫耳　　八、左右野馬分鬃
九、左右玉女穿梭　　十、左右單鞭下勢
十一、左右蹬腿

每式左右運動，共有二十四次，若能練習，則於身體亦有大益，與練全套太極拳無異也。

問：太極拳起勢如何練法？

答：身正立，兩足平行分開，寬與兩肩等，兩手下垂（如第一圖）。

兩手毫不著力，向前向上漸漸提起，提與胸平，手心向下，寬與兩肩等（如第二圖）。

兩臂漸漸收屈，兩手與腰同時下按，按至兩膝處（如第三圖）。復漸漸向前

第一圖

第二圖

向上提起，週而復始。如是者，練習十次。

第三圖

問：攬雀尾揉手如何練法？

答：第一式：兩足分開，作丁字步，右足在前，左足在後，如右足尖向南（以下各式均以向南為準），左足尖則向東南。兩足長短之距離，以一直一曲為度，

第四圖

第五圖

兩足寬之距離，以一足之長為度。兩手平伸，寬與兩肩等，手尖向南（如第四圖）。

此兩手毫不用力，隨腰漸漸向右轉，轉至手尖向西南，此時坐實右腿（如第五圖）。

再由右如畫圓圈，隨腰漸漸往左轉，轉至手尖向東南，此時坐實左腿（如第六圖）。

兩手隨腰，復由左向右圓轉，週而復始。往右轉，則坐右腿，往左轉，則坐左腿，如是者十次。

第二式：左足在前，右足在後，左足尖向南，右足尖向西南。兩足寬長之距

第六

第七圖

離，均如前式。兩手平伸向南如前，隨腰漸漸向左轉，轉至手尖向東南，此時坐實左腿。再由左如畫圓圈，漸漸往右轉，轉至手尖向西南。兩手隨腰，復由右向左圓轉，週而復始。如是者十次，第二式與第一式，惟左右不同，其法均同，故不另作圖。

第三式：兩足丁字步，右腿坐實在前，左腿伸直在後，如前。右手伸向前，向南，高與眉齊，臂稍屈，肘下垂，手心向上向內，手指斜向上，向東南。左手心正對右脈門處，約二寸許，手指向上（如第七圖）。

第八圖

第九圖

右手與左手，隨腰往右圓轉，右手心隨轉向下，左手心隨轉向上，右手在上，左手在下（如第八圖）。

與腰同時往回收，至全身坐在左腿，兩手隨往後、往上轉動，轉至左肩處，左手心向前，手指向上，右手心向內，手指斜向上（如第九圖）。

兩手復隨腰前進，坐實右腿，轉至原處不停，復隨腰往右圓轉，週而復始，如是者十次。

第四式：兩足丁字步，左腿坐實，在前。右腿伸直在後，如前。左手伸向前，向南，高與眉齊，臂稍屈，肘下垂，手心

第十圖

第十一圖

向上、向內，手指斜向上，向西南，右手心正對左脈門處，約二寸許，手指向上。左手與右手隨腰往左圓轉，左手心隨轉向下，右手心隨轉向上，左手在上，右手在下，與腰同時往回收，至全身坐在右腿。兩手隨往後、往上轉動，轉至右肩處，右手心向前，手指向上，左手心向內，手指斜向上。兩手復隨腰前進，坐實左腿，轉至原處，不停，復隨腰往左圓轉，週而復始，如是者十次。與前法同，不另作圖。

第五式：右腿坐實，在前。左腿伸直在後，如前。兩手伸出，寬與肩等，手尖向上，手心向前（如第十圖）。

兩手向上鬆起，使手尖向前，手心向下。隨腰往後鬆，至坐實在左腿（如第十一圖）。

兩手復往前按出，兩手不可太過膝，復往上鬆，週而復始。如是者十次。

第六式：左腿坐實在前，右腿伸值在後。兩手之隨腰前進、後退，均如第五式，不另作圖。

問：摟膝拗步如何練法？

答：第一式：左腿坐實在前，右腿伸直在後，作丁字步，如前。右手伸出，正對前胸，手指向上，手心向前。左手在左膝外，手指向前，手心向下（如第十二圖）。

右手心漸漸翻轉向上，往下轉動，復隨腰往後轉，漸漸坐實右腿。此時右手尖向下垂，左手同時往上起，起至胸前。復隨腰由胸前往右，轉至右肩前，此時右手已漸圓轉而上。至坐實左腿時，左手漸漸往下轉至胸下腹上之處，右

第十二圖

第十三圖

手此時由後漸漸轉至右耳邊（如第十三圖）。

復隨腰往前，按至當胸原處，左手亦同時隨腰往下摟，仍至左膝外，眼神隨右手轉動，週而復始，如是者十次。

第二式：右腿坐實在前，左腿伸直在後。左手伸出，正對前胸，手指向上，手心向前。右手在右膝外，手指向前，手心向下。左手同前式之右手，右手同前式之左手，隨腰轉動，週而復始，如是者十次。均如前法，不另作圖。

問：十字手練法？

第十四圖

第十五圖

答：身正立，兩足平行分開，兩手相交作斜十字形，正當胸（如第十四圖）前。

兩手向上、向左右分開，分至與兩肩平時，隨腰下坐（如第十五圖）。

兩手復由左右向內漸漸相合，隨腰上起，起至胸前仍作斜十字，兩手如同畫一大圓圈，隨腰上下，週而復始，如是者十次。

問：抎手練法？

答：兩腿作平行線分開，約距離兩足半之譜。

第十六圖

第十七圖

兩手先平分，與肩成為一字，手心向下（如第十五圖）。

右手隨腰往下、往左圓轉，漸漸轉至手心向上，轉至左肩前，手心漸轉向內，坐實左腿，此時左手不動（如第十六圖）。

左手亦隨腰往下、往右圓轉，漸漸轉至手心向上，轉至右肩前，手心漸轉向內，坐實右腿。先坐實左腿之時，左手轉動，右手同時隨腰復往右轉，隨轉手心，隨轉向下，與肩成為「一」字（如第十七圖）。

坐實右腿之時，左手轉至右肩，亦不

停。同時隨腰復往左轉，隨轉手心，隨轉向下，與肩成為「一」字。此時右手復轉至左肩處，坐實左腿（如第十六圖）。

兩手隨腰一往一來，圓轉如輪。右手至左肩處，眼神隨右手轉，左手至右肩處，眼神隨左手轉，週而復始，如是者十次。

問：左右打虎式練法？

答：兩足分開，作平行線，如抎手式。先坐實右腿，右手伸直與右肩成一「一」字，手心向下。左手屈在右肩處，手心亦向下。兩手隨腰往下、往左轉，左手由左復向上轉，轉一大圓圈，轉至額上，握拳，手心向外。右手轉至胸前，握拳，手心向內，兩拳虎口相對，此時坐實左腿（如第十八圖）。

兩手轉動時，眼神隨左手轉動，左拳復向左、向下轉，轉至與左肩成為「一」字。復隨腰向下、向右圓轉，轉至胸前，手心向內。右拳隨左拳同時向左、向下，復轉而向右、向上，轉一大圓圈，轉至額上，手心向外，兩手虎口

第十八圖

第十九圖

相對（如第十九圖）。

眼神隨右拳轉動，兩拳左右旋轉，一往一來，如是者十次。

問：左右雙風貫耳練法？

答：右足在前，左足在後，作丁字步，先坐實左腿。兩手相交在左①膝上，手心向上（如第二十圖）。

兩手向下，左右分開，開至與兩肩成為「一」字時，復向前轉，漸轉漸

第二十圖

第二十一圖

合，合至額前，握拳，手心向外。兩拳相對距離約二寸許，腰亦同時前進，至坐實右腿，稍停（如第二十一圖）。

兩拳復鬆開為掌，變至手心向上，復向下，左右分開如前狀。腰同時向後坐，至左腿坐實。兩手復向前相合，至坐實右腿，如是者十次。若左足在前，右足在後，亦同前法。

【注釋】

⑪左：原文為「左」，但與第二十圖不符。

問：野馬分鬃練法？

答：兩足作平行線分開，如抎手

第二十二圖

第二十三圖

式。（單式練習，步法不能不變通。）若身向南，先坐實左腿，兩手相合，在左膝上。右手在下，手心向上，手尖向東南。左手在上，手心向下，手尖向西南。兩手如抱球狀（如第二十二圖）。

兩手漸漸分開，右手斜向上、向西南分去，手心仍向上，手尖漸轉向西南。左手斜向下、向東北分去，手心仍向下，手尖漸轉向東南。腰隨兩手分時，漸漸移右，坐實右腿，眼神隨右手向西南，稍停（如第二十三圖）。

右手心本向上，漸漸往回收，轉至向下，手尖漸轉至向東南。左手心本向下，漸漸往右轉，轉至向上，手尖漸轉至向西南，與右手相合，右手在上，左手在下，兩手如抱球狀，在右膝上。兩手漸漸分開，左手斜向上，向西南分去，手心仍向上，手尖漸轉向東南。右手斜向下，向西北分去，手心仍向下，手尖漸轉向西南。腰隨兩手分時，漸漸移左，坐實左腿，眼神隨左手向東南，稍停，法如前，不另作圖。如是者，往復十次。

問：玉女穿梭練法？

答：右足在前，向南，左足在後，作丁字步，先坐實左腿。左手在上，手心向下，右手在下，手心向上，兩手相合，在左膝上（如第二十四圖）。右手漸漸向上向前轉，轉至額上，手心向外，手尖向東南。左手同時向前按出，略與胸齊，手心向外，手尖向上。兩手動時，腰亦同時向前進，至右腿坐實，稍停（如第二十五圖）。

右手隨腰向右略轉，轉至手心向下，左手同時亦略向右轉，轉至手心向

第二十四圖

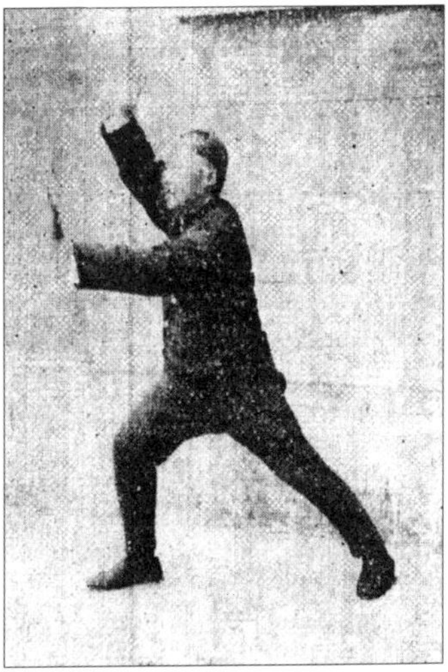

第二十五圖

上，右手在上，左手在下，相對（如前第八圖）。

隨腰往回收，隨收隨轉，轉至右手仍在下，左手仍在上，兩手相合，坐實左腿，與前起式同。復往前進，如是者十次。如左足在前，右足在後，則先坐實右腿，兩手相合，在右膝上，一切均如前法，惟左右手上下交換耳。

問：左右單鞭下勢練法？

答：左腿坐實，右腿伸直，兩足寬之距離約一足長。左手伸出，手心向

第二十六圖

第二十七圖

前，手尖向上，與左足尖同一方向。左臂略屈，肘正對膝，不可太伸直。右臂向後伸直，五指下垂，與右腿同一方向。眼神看左手，作單鞭式（如第二十六圖）。

身隨腰漸漸收回，往下坐在右腿上，愈低愈好，低至左腿伸直。身不可太俯，頭仍要有頂勁。左手隨腰向回收，收至右肩處，轉而向下，至左膝處（如第二十七圖）。

復隨腰向上起，起至與眉齊，手心仍向外。右手同時隨腰向下、向左轉一圓圈，向上轉至左肩（如第二十八圖）。

左手又復隨腰向回收，轉而向下，右

第二十八圖

第二十九圖

手復向右轉，至伸直如前。兩手隨腰上下，如輪圓轉，如是者十次。右足在前，左足在後，作單鞭勢，均如前法。

問：左右蹬腿練法？

答：先正立，作十字手式，向南。兩手略向上，漸漸分開，如半月形，右手向西，左手向東。分開之後，兩手指均向上，右腿同時提起，向西蹬出（如第二十九圖）。

右腿收回，右手由右往左，與左手手心相對，左手略在上，右手略在下。同時隨腰由左往右、往下圓轉，右足同時

第三十圖

隨腰、隨兩手，往西邁步坐實，兩手由下圓轉，往上相合，作十字。兩手同時分開，左手向東，右手向西。左腿提起，向東蹬出（如第三十圖）。

左手復由左往右，與右手手心相對，右手略在上，左手略在下，同時隨腰由右往左往下圓轉。左足同時隨腰隨兩手往東邁步坐實，兩手由下圓轉，往上相合，作十字。兩手復分開，左足蹬出。如是者十次。

附錄

致柔拳社社員姓名錄

王鼎元　薛晉雄　岑　巍　秦鑒本　孫潔人①　嚴敬慎　王傳燡
李剛俠　蕭國樹　沈彭生　胡鏡庸　倪國才　王嘯漁　孫億年
楊成才　施漢章　王立才　李衍善　邱成瑜　朱雋鹿　郭俊民
郭俊鉷　郭俊鉌　王漢禮　許頤齋　戴桐原　韓思民　許雲翔
楊憲臣　王侶樵　潘志傑　馮之沛　秦曙聲　董鐵峰　翁受宜
李秉法　胡福良　胡敬侃　孫莘農②　孫億中　周錫蒸　陸海藩
林祖庭　鄭志仁　孫乃騄　朱企賢　管　峻　王俞欽　沈成基
陳維東　蔡汝銑　李樹德　葉慎齋　李　崙　顧　明　洪　遹

趙敵七③　楊成才　王野石　顧禔明　黃友蘭　李劍雲　茅耀庭
李衡三　翁壯明　李志超　金性初　錢鐵鍈　祁福卿　潘鼎新
程志祥　景湘坡　孫雪橋　毛汝霖　李鏡清　徐日宣　顧懋予
李圓虛④　張景履　梁鈞疇　潘志瑩　關耕逸　陳子清　阮鑒光
嚴新儂　楊佑初　謝利恒　楊履初　周椒青　金潤庠⑤　韋伯興
吳元松　雀文瀾　唐庸褚　孫聞遠　鄭子松　何樹芬　羅麟生
徐巨川　劉玉書　顧賞之　錢慈嚴⑥　金德本　田豫鐸　陳潤身
陳鐸民⑦　馬立順　彭定保　陳榮廣　趙南公　葉樂康　吳甄士
劉斌傑　陳湯生　胡純一　胡純如　茅錫榮　杜恩湛　杜跋予
江臥雲　王　燦　胡樸安⑧　錢旭耕　錢旭林女士　錢景淵
陳文翰　謝映齋　董惠民　郭鳴九　周作孚　金寶坤　蔣仁山
蔣仁灤　何國衡　陳彭林　任德臣　李丹霞　吳印滋　王槐卿
者雨舟　秦運堯　薛松隱　李廷書　夏其昌　翁菊生　金靜覺

趙任甫　姚乃勤　管義正　何漢文　胡立勳　孫麟書　李維格
鄧根廉　胡少堂　孫莘農②　殷懋超　樂楣榮　朱尊一⑨　吳　榮
朱小珊　蘇祖齊　葉去非　唐　昌　王紹鏊　朱永昌　王輔世
艾建平　金熙章　孫占偉　謝成芳　蔣詠良　華汝潔　李徵甫
翁慕徐　蘇雲望　季成功　邵菊如　蔡文統　徐可亭　邵守之
吳培松　陳心純　程在勤　張慶彬　柯箴心⑩　程紹武　馮之沛
洪率範　關德稱　陳錦江　林安邦　李石華　高曉山　虞清華
沈廷樑　何瑞國　陳楚寶　金守言　錢振昌　嚴賡堯　余朗如
管止卿　周子南　居仲賢　朱曾沛　田德潤　余鈞甫　項耀辰
馮國棟　張家楨　陳德澄　譚保傳　凌子大　喬隱偉　陳慕壽
丁錫藩　尹松樵　施玉聲　俞兆麟　關樹榮　翁若水　吳季篪
張愚誠　胡書城　胡筱初　王望曾　鄭守明　何正肇　熊禮方
劉春蕃　劉世煦　陳恩池　宋遠甫　劉次璧　黃致平　印潤玉

但怒剛　張亞光　朱覺卿　程鴻軒　程紹武　鄭執安　劉亞休
顏守樸　吳志清　徐福民　胡以文　張仲孝　張慶彬　莊成季
張仲賓　程筱筠　黃志清　朱蕙堂　葉禮卿　俞雋琴　茅四圓
鄭耕莘　陳虎章　黃紹文　湯震龍　沈濬文　翁樂之　唐瑞東
顧省吾　顧賞之　王輔世　王為彰　步文白　鄭仲棠　鍾文標
胡可錚　盛效賢　周烈勛　張　鶴　王道衡　邱泉韻　蔡靜耐
龔芝洲　楊也喬　陳器成　胡若范　邵柳門　程蘇門　徐白良
戴景虞　劉亞休夫人　倪徵環女士　江曼雲女士　鄭樹人
潘南仲　盧太育　徐月庭　陸象霆　王理卿　吳君飛　席念椿
李少川　吳李履　胡允昌　陳仲魯　吳百祥　宣金聲　錢同人
喻華韡　沈增奎　徐雪塵　王繼先　劉寶琪　王步賢　劉筠青
唐雲旌　鄒君斐　吳志和　葉宗泰　王景宋　徐少平　王孟年
劉延順　倪觀格　蔡和璋　林泮芹　劉　競　朱少屏　徐景之

畢子陛　宗藻生　邱季才　張賡麟　王卓文　黃居素⑪　玉學然
周志青　唐永清　王尊川　丁健行⑫　丁觀聞　王介壽　王炳甫
王次芳　吳雲倬⑬　劉志新　顧　興⑭　張士德　張岱岑　鄧榮惠
胡　絜　徐　炎　王傳煊　朱幼蘭　朱綸仙　沈丹忱　張天罡
余新逑　陸靜之　方寬榮　劉泉孫　朱耐根　錢勉醒　關　璉
黃海山　王念劬　江笑山　傅谷如　周烈慶　吳夏峰　侯叔達
徐文甫⑮　張仁虞　丁訊康⑯　馬文彬　董敬莊　李叔獻　文　牧
文　孜　郁敬德　杜秋聲　王元度　朱繼聲　宋醉陶　石之岷
應孟仙　徐和卿　謝　健　陳錦山　方宏祥　徐利民　林植藹
趙爐青　顧康年　何文卿　陳文煥　王兆慶　沈支石　趙鐘鳴
竇毓和　墨　禪　李筱山　竇毓鼎　竇海澄　鄭麟同　王子騫
高士光　應毓剛　周玉琦　王積中　宋汪洋　曾憲民　顏德基
許炳華　李景陳　李效宋　楊俊生　錢祥標　陳維南　陳道純

陳憲和　孫濟武　張啟瑞　曾培燊　曾培德　殷慎伯　吳景妙
張漸陸　竇海渟　李鉅元　李吉孫　潘志傑　朱斌侯　金祖同
吳君憲　狄兆然　邵　虎　葉德昭　史季方　李一午　廖世穎
趙壽臣　徐梅卿　朱星江　薛福田　趙祥卿　彭詠樵　費南瑾
傅介眉　陳　寧　張子美　曹頌章　范漢傑　陳彰玎　周鏡珊
周養溪　華南山　蔣五昌　濮清懷　涂淳甫　吳樹屏　沈孝慶
王文成　張勵存　陳福耕　王葵庵　方劍隱　馮祥蓀　朱珅琮
吳少乙　嚴懷仁　王耐之　應厚倫　秦祥生　朱文熊　李伯龍
聶含章　潘樂山　應孟仙　章鏡秋　施衍林　孫焯方　陳隆璐
陳文瑋　李健良　陳光裕　田子偉　只瑞庭　邱弁容　謝雁臣
李祖端　李祖白　李祖冰　李祖眠　李祖定[17]　李祖農　祝志郇
吳昆生　黃志彭　謝伯輔　程海涵　盛吉祥　浦志達　張盛遠
高蔭嘉　章秉嘉　孫貽德　容雨亭　陳漢清　陸書城

梁璧疊女士　梁有烈　李健鎏　吳中一　吳志雄　張崇德
林錫泉　吳宗澄　朱綸仙　楊詠箎　利學文　邵　圭　譚勵厂
吳淮昌　何焯良　楊達平　何國良　潘恩甫　林安邦　何惠庶
何賜禮　張國威　朱蕙堂　徐志千　徐壽復　嚴炳南　金昌麒
徐榮慶　張尚德　郁志仁　顏箴之　吳寶書　唐振乾　盧元琦
徐　斌　劉慎齋　董官奎　吳壽垣　黃銀堂　梁礎立　梁廷挺
樓文藻　丁煜明　丁夢悟　陳祝齡　張慧僧　穆時英[18]　虞大熙
陸聯輝　周修龍　余　克　陳壽齡　張耀青　薛憲章　謝馨齋
顧石甫　陸林孫　蔣文瑞　何子敬　周　飛　羅　延　康家壽
陳嘉芝　黃澤芸　俞祖欽　張睦清　吳健安　鄭肖厓　王虎角
鄭君平　羅捷文　孫葆康　馮乃培　周企唐　張貫時　顧星橋
胡聖鳴　朱沛源　唐子蔚　方公溥　戎善藩　李金山　陸異若
何俊昌　梁棣佺　陳其昌　孫回風　裘慕俠　蔡家祥　朱讓軒

王祖訓　朱忠道　江一真　莊智安　江笑逸　王耐芝　顧韞石
顧欽若　又　能　吳翰孫　林鑒英　金養田　金嗣龍　曾子玉
高事恒　吳士行　趙樸初[19]　沈雍諒　王我景　步創夷　徐曜堃
許鑄生　張律均　嚴濟寬　王維屏　邵蓉僧　蔡晦漁　劉弢甫
吳涵真　湯靖瀾　袁倬漢　袁昭漢　袁雲翰　袁珋懿女士
許淑英女士　徐慎齋　周禾書　吳　涵　許持平　倪秀全
余嗣珊　朱蒙山　郭仲遠　黃深源　朱坤琮　陳彥衡
倪素心女士　王廉芳　胡天民　張秋平　鄭晉良　曾建勛
劉竹怦　祝堯臣　周靜溪　李子散　張筱棠　徐素梅　俞心泰
徐寶賢　蔣廷經　葛文祥　王章龍　萬競先　萬兟先　毛鳳祥
鄧襲明　李承先　范仲影　陳勤洪　楊載銘　涂淳甫　李右良
徐　侃　夏麟書　葉如舟　葉葱奇　莊智鶴[20]　馬世錡　劉玉庵
徐雲鶴　曹余望　萬冊先　黃遵夏　吳伯林　何平普　王宗鏊

徐誠照　熊振濤　李永堅　張祖德　徐福基　陸閑雲女士
孫仲舒　吳夢周　萬甡先　楊春生　張銘伯　萬茲先　龔鑒平
張致遠　張海東　孫勁甫　俞軒棠　周壽庭　裴元鼎　金崇光
蔣永麟　武達慶　童石均　周萼輝　沈傳麟　寧恒潔　周尚斌
楊萬青　胡燮侯　鞏晉孚　王任伊　張信澄　胡羡翔　沈勖厂
郭煥章　賀人欽　周公伊　王述之　蔡眠雲　孫以晨　王自衛
瞿　澄　陳松茂　李永明　汪葆卿　王炳麟　鄭冠曾　黃　農
張伯覲　貝樹德　胡叔文　孫梅僊　王阮亭　黃靜升　涂　鼎
張漁溪　管中一　方克濟　方志毅　姚錦熹　吳星民　古昶生
蔡和璋　戚夢覺　向武昌　褚子民　羅君愚　金印輝　丁觀聞
李厚德　孫李明　楊鳳初　程養恬　任志清　王景濤　張秀巖
楊學詩　程啟霞　王炳煒　楊覺人　翟健雄　楊裕雄　江幼南
江少南　夏溪村　諸葛瑞　葛沛昌　席裕虎　王善燮　王溢波

邱孝治　王尹叔　黃省甫　章以冀　朱叔屏　楊坤榮　周道平
姚菊亭　黃健甫　樓浩然　張德康　顏　庭　傅冰如　楊泰華
王輔慶　何維翰　張延孫　涂遜修　王尊川　嚴鶴泉　卜曉農
徐雪賡　陳文良　吳伯陽　殷震一　陳鳳竹　羅澄志　華翔九
陳郎廷　顧振予　樂蓮華　朱叔屏　郭伯良　趙仰雄　沈照恩
陳升潮　章興瑞　董　儀　施濟群　陳立蟾　陳嘉賓　楊世昌
裘功懋　徐省吾　顧蔭之　應仲琳　李新華女士　鄭章斐
甘兆玲　蔣文瑞　陸長華　陸琳寶　顧怡庭　徐世洪　韓榮棠
黃守一　張懷萱　黃頌夔　邱普慶　徐治平　吳英性　謝介子
俞道就　謝公展[21]　黃抱中　朱宏基　王大佛　林志鵬　霍東生
李哀鶴　邵炳生　宋沛道　黃荊塘　孫葆康　陳彭齡　阮賓華
陸林孫　金興章　毛　璞　徐澤予　金禮楷　陳　琦　張威遠
陳輔之　林安邦　鄧志仁　路　偉　路國綿　袁孝根　屠一如

朱鐸民　畢星歧　梁洪增　張松年　董栽生　董柏臣㉒　陳丕承
楊廉夫　王雪樓　陳季良　惲尊國　卞芷湘　吳南浦　柳章甫
唐　舜　沈一明　顧省之　徐斌金　鄭慎齋　江宗漢　湯漱風
何連芳　王炳煒　嚴　宓　孫公俊　張延孫　莊緝之　姚鳴鶴
郎堃昇　劉文燦　丁呆華　項本俠　沈叔瑜　王夫祿　陸良華
柳哲芝　胡可熞　章亮富　章子英　丁訓翔　吳國鋒　宋沛道
趙毓將　陳滬生　范善本　吳友文　姚繼灝　周惠桐　王舜列
羅　何　柳培之　秦履雲　李續川　吳金石銘　　　　林君鶴
柳潤水　嚴岳泉　楊宗端　李少周　馮仰山　徐洪賚　呂薇孫

【注釋】

①孫潔人（一八八四—一九三八年）：名紹濂，字潔人，江蘇吳江人，致柔拳社早期學員。史量才總理《申報》時所聘任的財務總監，主政《申報》財務二十七年。先生為人沉默寡言，老成幹練，待人接物，尤和藹可親，運籌擘畫，調度有方，對《申報》厥功至偉。曾為微明先生《太極拳術》作序，說微明先生「以楊先生口授之太極拳，筆述成書，多所闡發，

稿贈楊先生以酬答之。楊先生藏之數年，不以付校梓，余與秦君光昭、王君鼎元、岑君希天聞之，請先生慫恿出之，以傳於世。先生書往，楊先生欣然寄稿，並圖五十餘幅將付刊」。秦君光昭，或即本名單中的秦鑒本，王君鼎元即王鼎元，岑君希天即岑巍，皆時任《申報》職員。

②孫莘農：名錄中，兩位孫莘農，或係重複誤抄所致，或均另有其人。民國期間，在滬上名號「孫莘農」者多人，其一係無錫籍教學家，另一係溫州里安籍書法家孫延畛。但無其他資訊能佐證他們與微明先生的關係。存疑之。

③趙敵七：上海昆山路二十號東吳大學第二中學校副校長，英文、數學教授。致柔拳社早期學員，與秦光昭同列致柔拳社第一期兩名畢業生名錄。一九二八年五月二十四日《申報》載：「致柔拳社以夏曆四月初九日，為武當派張三豐祖師誕辰，又值三周紀念之期，即於是日在七浦路二百八十八號，召集新舊全體社員，並舉行慶祝及第一屆畢業禮，聞該社社員已達八九百人，大致商學界居多，各為戰務所拘，能功不間斷者甚少，故此次畢業只秦光昭、趙敵七兩君云。」著名報人顧執中，便是趙敵七在東吳大學第二中學校時的學生。一九三二年，「一·二八」淞滬抗戰期間，趙敵七與友人路經天潼路，遇日軍留難盤詰，堅不放行，趙敵七怒，舉肱微揮，擊打日軍，以一敵七，後遂遇害，日軍恨甚，以刺刀裂其四肢。趙敵七，人如其名，深得《正氣歌》「吾氣有一，以一敵七」要義。

④李圓虛：廣東人，民國著名道尊。與梁海濱（懶禪）、黃邃之（通邃），結為道侶。曾住上海七浦路，懸牌行運氣、按摩、不藥療病之術，頗著神效。淞滬抗戰時，回廣東，從此杳無仙蹤。

⑤金潤庠（一八九〇—一九六一年）：字紳友，寧波鎮海人，上海美商德泰洋行、英商光耀桅燈洋行買辦，獨資開設潤豐恒商行。與寧波奉化人竺梅先合作創辦了湖州中豐、杭州華豐、嘉興民豐、上海國豐四家造紙廠，尤其以嘉興民豐造紙廠的「船牌」捲煙紙，為他贏得了中國近代煙草工業先驅的美譽。

⑥錢慈嚴（一八七〇—一九六九年）：錢崇威，字自嚴、慈嚴，號崇安、蒔年。吳江松陵人。善書，清新秀逸，性豪爽，能飲酒。光緒二十八年（一九〇二年）鄉試高中秀才；光緒三十年（一九〇四年）恩科進士；民國元年（一九一二年），任江蘇省高等檢察所檢察長。未幾辭職，居滬養痾，賣文為生，或返故鄉以書畫自娛。致柔拳社第二屆畢業生。為微明先生《太極劍》作序。一九五四年十月，任江蘇省文史館館長。一九六九年，病逝上海，享年九十九歲。名錄中的「錢旭耕、錢旭林女士、錢景淵」皆係其子侄輩人。

⑦陳鐸民（一八九三—一九六二年）：寧波鄞縣人，上海南京路華德鐘錶行經理。與徐文甫在寧波同鄉會傳授少林拳、「寧波拳」，一同服膺於微明先生拳藝，與徐文甫同為致柔

拳社第四期畢業生。微明先生撰文稱其「明達幹練，才可大用」。一九三〇年秋，受鄞縣警察局局長戚靜之邀請，赴寧波傳授太極拳、太極長拳、太極劍、武當對劍、太極散手等。一九三六年五月十七日，上海功德林召開楊澄甫老師追悼會，微明先生擔任主祭，陳鐸民擔任司儀。一九四八年六月二十四日，與徐文甫一起，陪同微明先生訪臺灣。後在上海法國花園（現復興公園）建造了一個凹字形的長亭，成立了「誠社」，在園內教授太極拳。微明先生曾為鐸民之父撰墓誌銘，稱：「鐸民曾從余遊數年，明達幹練，可大用」云。

⑧胡樸安（一八七八——一九四七年）：本名有忭，學名韞玉，字仲明、仲民、頌明，號樸安、半邊翁。以號行世。安徽涇縣人。訓詁學家、南社詩人。家學淵源，涉獵廣博。早年參加同盟會。一九二六年，出任《民國日報》社社長，一九三〇年，又應葉楚傖之邀，出任江蘇省民政廳長之職，次年自認乏能辭職返滬，任教於大夏、復旦、東吳、暨南、上海、持志等大學。一九三七年，抗戰爆發後，任上海《正論社》社長。上海淪陷後，杜門著述。一九四〇年四月，患腦溢血，病廢家居，撰《病廢閉門記》《六十年以前的我》。抗戰後，《民國日報》在滬復刊，他受任館長，並繼任上海通志館館長，後任文獻委員會主任。著述《中國訓詁學史》《俗語典》《中華全國風俗誌》等。入致柔拳社，與錢崇威同為第二期畢業生。《病廢閉門記》記錄拳學過程甚詳。

⑨朱尊一（一八九一——一九七一年）：又名貫成。安徽涇縣人。入上海神州大學攻讀經濟，聘任上海女子中學、建國中學和私立國民大學任教。此時參加新南社，入致柔拳社學拳。一九三六年秋，回涇縣黃田村，任私立培風中學校長。抗日戰爭勝利後，出任涇縣簡易師範學校校長，同時擔任涇縣文獻委員會主任委員。一九四九年後，任涇縣中學校長。書法先後得到舅父胡壁成及黃賓虹、吳昌碩等名家點撥，擅長篆隸，尤精篆刻。

⑩柯箴心：名成懋，平湖人，與竺可楨、胡適等同為第二批庚子賠款留學生，入密西根大學、哥倫比亞大學，曾任國立暨南學校校長。

⑪黃居素（一八九七——一九八六年）：廣東嘉應州人，早年創辦《岐光報》，經人介紹，任陳炯明書記，追隨孫中山，任農民部長，及粵軍總司令部政治部主任。陳炯明與孫中山先生分裂後，居素向吳稚暉介議陳孫復合，並為此事多次出力奔走。後受知於廖仲凱先生，任香山縣縣長。中山先生逝世，香山縣改為中山模範縣，直隸南京國民政府，出任首任縣長，同期，任南京農民部長及立法院首居立法委員。一九二七至一九二八年間，從熊十力及呂秋逸學佛，隨黃賓虹學習山水畫，並從黃賓虹、鄧秋枚處接辦上海神州國光社，成為該社主辦人之一，出版發行楊澄甫《太極拳使用法》，並封面題簽。一九五五年到北京，被聘為中央文史館館員，並成為國畫研究會會員，後定居香港。

⑫丁健行：又名丁方鎮，別署知止居士，寧波鎮海人，朵雲軒創始人，寶大祥老闆。擅書畫、詩文。老而好學，雖溷跡，而不廢讀。壯歲即著《知止居士畫史》《墨林挹秀》行世，於詩文書畫，無所不窺。經商餘暇，偶作小品，清新婉妙，人爭寶之。丁訊康，其季子夜。

⑬吳雲倬：顧留馨的中學同學，早年從劉震南學六合拳，與顧留馨一起入致柔拳社學楊氏太極拳，復從徐致一學吳式太極拳；從四川南充人林濟群學松溪內家拳；後改從武匯川學習楊氏太極拳。一九三四年，開始在上海復旦大學高中部等傳授太極拳，張義尚等從其學。一九五〇年後，在上海中山公園教拳，弟子有饒少平等。

⑭顧興（一九〇八—一九九〇年）：又名顧劉興，畢業於上海南洋高級商業學校、上海文治大學國文系。接受大學同學白壽彝建議，改稱「顧留馨」，上海趙家橋人。自幼習武，十一歲入私塾時，課餘從崔姓教師學南拳；十五歲從保定宮蔭軒習金剛腿、八方刀、騎槍、棍術等；十八歲入中華國技傳習所，從劉震南習六合拳；一九二七年後，與吳雲倬一起，入致柔拳社學習太極拳；入精武體育會，從徐致一、吳鑒泉等學吳式太極拳；入匯川太極拳社，從武匯川學楊式太極拳；還從林濟群學松溪內家拳套路及槍、棍、劍套路等；向傅彩軒學攔學門。「九・一八」後，與唐豪發起組織「上海國術界抗日救國會」，其間向唐豪學習日本劈刺術。受「七君子」案牽連，與陶行知、任崇高、張仲勉、陳卓、羅青、陳道弘等七

人（史稱「小七君子」）遭起訴，拘押於蘇州監獄，後經唐豪辯護始獲釋。一九五〇年六月，任上海市黃浦區區長。一九五二年，調任上海市工商局、商業局工作。一九五五年，唐豪調任國家體委任顧問後，受唐豪的影響和鼓勵，專心於太極拳史料發掘、整理工作。一九五七年，受國家體委之托，赴越南向胡志明傳授太極拳。之後多次受邀到中南海、北戴河、廣州等地給中央領導人及其親屬教拳，從學者有江青、葉劍英、鄧穎超等。一九五八年，自請調往市體委，任市體育宮主任，並開設太極拳、形意拳、八卦拳、少林拳等十三個學習班，開辦各拳種講演會，舉辦武術表演會，創辦公園武術小組，以廣傳習。對上海市武術集訓隊則聘請名師傳授，從中培養了許多武術人才。一九七七年、一九八〇年先後二次東渡日本講學。先後撰寫《簡化太極拳》《怎樣練習簡化太極拳》《陳式太極拳》（與沈家楨合著）《太極拳研究》（與唐豪合著）《怎樣練習太極拳》《太極拳術》《炮錘》《精簡楊式太極拳》等。

⑮徐文甫（一八八四—一九五〇年）：寧波鄞縣人，著名實業家、武術家。著《我與國技》一文稱：「予武夫也」，入私塾，讀四書五經，「過目即忘，惟聞尚武任俠之說，則此心即躍躍欲試，似我已為武者俠者之第二」云。自幼隨鄉人習拳，一九〇七年入紹興大通學堂，習武技。南下福建，拜謝謁生為師，攻學洪拳、五形拳及少林三進、梅花、香店、八步連環、四門刀、梅花刀等。一九二二年，寧波旅滬同鄉會遷至西藏中路四八〇號五層新大

樓，徐文甫與陳鐸民協助同鄉會，組建「武術科」，並於新大樓的四樓，創辦了寧波旅滬同鄉會「少林武館」，徐文甫親任國術教練。一九二八年，與陳鐸民入致柔拳社，同為致柔拳社第四期畢業生。一九二八年四月三十日，致柔拳社借寧波同鄉會開歡迎會迎孫祿堂來滬，徐文甫、陳鐸民對練「寧波拳」。一九三〇年五月，徐文甫偕陳鐸民，為中央軍編「七煞槍法」，助中央軍破敵。「九・一八」後，擔任上海市民義勇軍國術教練，從一千餘人中，挑選二百名善勇善戰者，組建「上海市民義勇軍大刀隊」。應謝鏡湖、周敏益之邀，一九四八年六月二十四日，與陳鐸民一起，陪同陳微明先生抵達臺灣，為臺灣公衆表演了少林拳、太極刀、雙刀，與陳鐸民表演推手。其為人豁達俠義，對微明先生也多有薪助，微明先生有詩贊曰：「賴有社友分薪米，解囊慷慨情意深。艱難豁達肝膽露，豈但銜戢銘諸心」。微明先生《徐文甫六十壽言》云：「徐君文甫，魁傑人也。以鐵冶起家，致富設廠於上海，逐時居積，歲可獲數十鉅萬。身偉力強，以精少林拳技，授徒有名」「從余學，遂擅於內外兩家。性亢直，無虛偽」。

⑯丁訊康（一九一九—一九三九年）：原名祥華，後改翔華。字訓康，號吉金、樂石，別署蝸牛居士，室名蝸廬、吉金樂石室。寧波鎮海人，為丁健行季子。承家學，石書畫，詩文拳劍，寢饋積學，年未及冠，名著藝苑。造物畀才，華年而歿，留存《蝸牛居士全集》。趙敵七離世後，撰《趙敵七傳》。

⑰李祖定：陳微明的女婿，陳邦琴的丈夫。致柔拳社初創於福煦路民厚里六百零八號，三個月後，入社的人越來越多，原址不敷應用，遂於一九二五年七月二十日，遷址至新聞路李誦清堂路二百二十五號。一九二六年三月，為適應各界女士學拳之需，特在山西路二二五號及西武昌路十四號設立女子體育師範班。李誦清堂路，即今上海陝西北路、江寧路、西康路、新閘路、武定路、安遠路、長壽路附近六十畝地產，係當年滬上寧波商人「小港李氏」第三代，李雲書所購置的地產，故其路以其個人名號命名。名錄中「李祖端、李祖白、李祖冰、李祖眠、李祖定、李祖農」，都是滬上「小港李氏」第四代族人。

⑱穆時英（一九一二—一九四〇年）：浙江慈溪人，小說家。筆名有伐揚、匿名子。與劉吶鷗、施蟄存等，成為新感覺派代表人物。被譽為「中國新感覺派聖手」。出版《南北極》《公墓》《白金的女體塑像》《聖處女的感情》等。一九三九年，出任汪偽政府《國民新聞》社長。一九四〇年六月遭國民黨「鋤奸」組織射殺。

⑲趙樸初（一九〇七—二〇〇〇年）：佛教界領袖，書法家，社會活動家。安徽太湖縣人，早年求學於蘇州東吳大學，來滬後入住表舅關絅之家，受關絅之影響，研究佛學，入致柔拳社。取陳微明侄女陳邦織為妻。一九三八年後，任上海文化界救亡協會理事，中國佛教協會秘書、主任秘書，上海慈聯救濟戰區難民委員會常委兼收容股主任，上海淨業流浪兒童

教養院副院長，上海少年村村長。一九四九年任上海臨時聯合救濟委員會總幹事，中國人民保衛世界和平委員會常委、副主席，亞非團結委員會常委。一九八〇年後，任中國佛教協會會長，中國佛學院院長，中國藏語系高級佛學院顧問，中國宗教和平委員會主席。

⑳莊智鶴：上海亨得利鐘錶總店的經理。一九五五年公私合營後，任命為中國鐘錶公司上海分公司資方經理。一九七二年移民美國，住紐約。後面名單中徐誠照等，係亨得利高層職員。

㉑謝公展（一八八五—一九四〇年）：名壽，一作翥，以字行，丹徒（今鎮江）人。歷任南京美術專科學校、上海務本中學、上海美術專科學校、新華藝術專科學校、暨南大學國畫科學教授。善花鳥魚蟲，尤工畫菊，人稱「謝家菊」。名錄中謝介子（一八九八—一九三〇年），係其弟。善書畫。

㉒董柏臣：杭州大華飯店經理。後從田兆麟老師學拳。

出外教授姓名錄

關絅之① 王一亭② 徐冠南③ 聶雲台④ 沈星叔⑤ 江味農⑥ 李雲書⑦
趙雲韶⑧ 謝泗亭⑨ 向愷然⑩ 唐仲南 周陵 黃詠秋 姚星南

申　榕　馬子宜　馬毅伯　劉佩萸　顧聯承⑪　伍梯雲⑫　謝慧生⑬

鄒海濱⑭　余伯陶⑮　黃太玄⑯　錢瘦鐵⑰　譚景韓　李木公⑱　李蜚君

李駿孫　李竺孫　李榴孫　陸稼蓀　陸振宗　陸亢宗　陸　鈿

任尚武⑲　袁仲齊　杜恩湛　金輯五　金藻文　錢履慶　余守邦

吳叔英　唐人傑　顧巨仁　潘銘之　吳梓臣　周業勤⑳　周孝淵

周孝芬女士　周孝傑　周孝卓　周孝恭　周榮欣女士

張鏡人　吳念劬　袁彥洪　陳少柏　鄭華枝　鄭軾弇　鄭　庭

黃膺伯㉑　黃膺白夫人　黃伯樵夫人　朱炎之夫人　葛敬恩㉒

孫嘉祿㉓　陳福海　沈　良　邱載生　孫嘉德　黃秀峰㉔　鄭仲瑜

陳元伯㉕　趙炎午㉖　歐陽正明　常　惺㉗　持　松　張子美

許世英㉘　趙鐵橋㉙　許崇智㉚　吳志芬女士　吳志芳女士

吳志蘭女士　吳志廉　吳志忠　吳志琪　徐　琦　陳仰和

張寅谷　富振遠　蔡伯華　何增祥　簡玉階㉛　簡竹軒女士

簡竹堅女士　簡竹漪女士　簡仲舉　簡元祐　梁惠英女士

何芳圃㉜　何熾昌　何漢昌　何鑽星　何錫昌　何息廬　何俊良

沈淑貞女士　沈鎮珠女士　沈麗珠女士　沈守成　沈守德　曹仁澤

施翔林　包挹青　錢峙東　馮懋熊　程子帆　謝翔鳴　張邵棠

張樹熊　錢聯元　余文亦　王化瑩　楊炳南　關敬元　耿德森

徐　琦　施慶寶　劉孔懷　劉雨原　茅思源

第一屆畢業姓名　趙敵七　秦光昭

第二屆畢業姓名　錢慈嚴　胡樸安　孫聞遠　戴俊卿

【注釋】

①關絅之（一八七九—一九四二年）：名炯，字絅之，又字別樵，漢陽人。其父關棠，字季華，為漢陽名儒，人尊為「漢陽先生」。微明先生昆仲皆師從「漢陽先生」。後求學於教會博文書院，致力於中西實用之學，在武昌創辦民辦普通中學和速成學堂，有「小漢陽先生」之稱，深得張之洞賞識。以同知入幕上海道袁樹勳，一九〇四年二月被委上海公共租界會審公廨讞員，斷續主審公廨至一九二七年。為人為官，剛正清廉，以黎黃氏、五卅兩案最

著。傳為關羽之後裔，人也尊之為「關老爺」。任致柔奉社名譽社長。

關絅之姐關靜之，幼時許配給宋康豐，宋公子未成年即夭折，關靜之成年後，回到湖北宋家，抱著宋公子木牌成婚，從一而終，從此皈依佛門，長齋念佛。湖北宋家即趙樸初的外婆家的娘家。趙樸初的母親陳仲瑄與關靜之結金蘭交。陳仲瑄及笄，嫁給安慶太湖趙煒如，生長子即趙樸初。趙樸初由此喊關靜之為大姨，喊關絅之為舅舅。趙樸初在滬其間，隨關靜之常住關絅之家。

二水按：二百年前，在武漢一家書院內，班主任大桴山人陳詩老師，一定是位非常神奇、非常魔法的老師，班級裡兩位同是陳姓的學生，一位高中狀元，一位高中探花。陳仲瑄的曾祖父陳鑾，字玉生，嘉慶二十五年殿試探花及第。與陳微明的曾祖父陳沆，字太初，號秋舫，嘉慶二十四年己卯恩科殿試狀元。兩人同係「楚北大儒」陳詩的門生。

一百多年前，狀元的曾孫陳曾穀，在杭州南湖的家中，喜添千金。名叫陳邦織。探花的曾孫女陳仲瑄在安慶的太湖家裡，為宋皇室趙家生下了一位公子，名叫趙樸初。趙家的公子，與陳家的千金，或許一輩子都不知道，他們的五世祖，曾經是一個班級裡的同班同學。當年陳詩老師班級裡的兩位陳姓學霸，或許手足情深，或許恩怨情仇，但他們一定無法料到他們的五世孫輩，也會在滬上另一位陳姓的老師班級裡，也能成為同學，最後緣結並蒂，牽手走完一生。而這位陳姓老師，叫陳曾則，是趙樸初老岳丈陳曾穀的二哥。他教的課程，叫太極拳。他們皆應致柔拳社而結緣。

②王一亭（一八六七——一九三八年）：名震，號白龍山人、覺器，吳興人（今浙江湖州），畫家。早年入同盟會，資助辛亥革命和二次革命，為上海商界名流。一生虔信佛教，中國佛教會執行委員兼常委，連任上海居士林副林長、林長，上海佛學書局董事長。書畫得徐小倉指點，後與任頤、吳昌碩友善，擅人物、花鳥、山水，尤擅佛像。晚年，潛心作畫並致力於各種慈善事業，與他人共辦華洋義賑會、孤兒院、殘疾院、中國救濟婦孺會、同仁輔元堂、普善山莊等。「八・一三」事變後，他發起組織難民救濟會，籌設難民收容所。

③徐冠南：祖籍上虞，雍正年間遷烏鎮，業米行、香餅發家。至徐冠南，轉業銀行、房地產業，一九一八年徐冠南在杭州發起創立浙江儲豐銀行，在湖州設立分行。民國初年，徐冠南資財已達七百五十萬銀元，成為大上海首屈一指的富戶。民國十三年遭綁票，化巨額贖金贖回。徐冠南樂善好施，曾提攜茅盾進商務書館。上海英租界工務局開拓蘇州河一帶市容時，徐冠南捐銀贈地，以「烏鎮」命名橋路。民國二十九年，徐冠南病逝於滬上。

④聶雲台（一八八〇——一九五三年）：名其傑，號雲台，湖南衡山人，曾國藩的外孫。一八八三年即隨父聶緝椝住上海，秉遵外祖父曾國藩「寧可討飯也不為官」遺訓，於商海中

沉浮礦煉，開辦銀行，經營航運，開發礦產，從事紡織。他所經營的機械製造、電力、商業、金融等一系列企業，均因取得成就而名聲大噪。一九二〇年任第一任上海總商會會長。於一九四二、一九四三年間為勸誡世道人心，撰寫《保富法》一書，在上海《申報》上連載，激蕩時人之心，募捐公益，各界名流紛紛響應，一時傳為佳話。

⑤沈星叔：亦作「惺叔」，與關絅之友善，時任江蘇監獄感化會會長。與關絅之、王一亭等發起上海佛學居士林。

⑥江味農（一八七二——一九三八年）：名忠業，一名杜，號定翁，法名妙熙、勝觀。江蘇江寧人。幼讀儒書，一九一八年始信佛教，隨白普仁喇嘛在滬、杭、湘、鄂等地弘揚藏密。一九三一年任上海省心蓮社社長，常在社中講經，一生教宗般若，行在淨土。著《金剛經講義》印行。

⑦李雲書（一八六七——一九三五年）：名厚佑，鎮海小港李氏第三代。早年在慎余錢莊學徒時，與王一亭相交莫逆。經營奉錦天一墾務公司，官銜四品分部郎中。一九〇二年為上海商業會議公所議員。一九〇六年，當選上海商務總會總理。一九〇八年執業為商船會館。受王一亭等影響，加入同盟會。一九一二年五月，當選上海總商會議董，任期內辭職。一九一七年五月，當選上海總商會會董，任期內辭職。一九二四年八月，被列為總商會特別會董。滬上商界稱其為「李家阿大」。一九二五年七月二十日，致柔拳社遷址至新聞路李誦清堂路二百

二十五號。李誦清堂路，即今上海陝西北路、江寧路、西康路、新閘路、武定路、安遠路、長壽路附近六十畝地產，即係李雲書所購置的地產，故其路以其個人名號命名。名錄中「李祖端、李祖白、李祖冰、李祖眠、李祖定、李祖農」，都是滬上「小港李氏」皆係其子侄輩人。

⑧趙雲韶（一八八四—一九六四年）：浙江黃岩人，佛門居士，杭州城皇山常寂光寺高維均法師的弟子。一九二一年經維均法師的推薦，為上海佛門居士、南洋兄弟煙草公司創辦人簡照南、簡玉階兄弟創建功德林蔬食處。一九二二年農曆四月初八釋迦牟尼誕辰日，功德林開張，趙雲韶任經理，以「弘揚佛法，提倡素食、戒殺放生」為宗旨，潛心研究，集體創製了三百多種素菜新品種。

⑨謝泗亭：一九一八年與周舜卿、沈星叔、王與楫、關絅之等發起創立上海佛教居士林。一九二一年將佛教居士林改組為「世界佛教居士林」和「佛教淨業社」兩大居士團體。

⑩向愷然：早年從王志群學南拳，一九二五年入致柔拳社，從微明先生學習太極拳，年底在上海得見離別多年的老師王志群，王從吳鑒泉學得吳式太極拳，於是復從其學吳式太極拳。其間聽王志群道聽塗說，撰寫《近代俠義英雄傳》，前文「太極拳源流之補遺及小說之辯正」中，微明先生有所駁斥。一九三〇年三月二十八日《新聞報》刊載陳微明致向愷然信，稱：「數年未見，每於友人中探兄蹤跡，近始知在北平研究太極拳」，詳見答問之注「不肖生」條。

⑪顧聯承（一八八九—一九四三年）：又作顧聯丞，浙江南潯人。百樂門大飯店舞廳董事長。

⑫伍梯雲（一八八七—一九三四年）：名朝樞，廣東新會人，伍廷芳之子，民國外交官、政治家、書法家。一九二六年五月，中山艦事件後，其在政爭中敗北，辭任國民政府委員、軍事委員會委員、司法委員會委員、廣州市政廳委員長等職，寓居上海。其間從微明先生學拳。

⑬謝慧生（一八七六—一九三九年）：四川富順人，名振心，字銘三，後字愚守、慧生。一九〇七年加入同盟會，與熊克武等同盟會員密謀成都起義，一九〇九年出任中國公學學監。一九一一年重慶獨立後，任蜀軍政府總務處長。一九一三年六月後，與黃復生在北京參加謀刺袁世凱，一九一七年任護法軍政府元帥府參議、代理秘書長、司法部次長、代理部長等職。一九一九年被任命為中國國民黨黨務部長。孫中山逝世後，為「西山會議派」要員。一九二七年九月南京政府成立，任國民黨中央特別委員會常委、國民政府委員。「九・一八」事變後，為全國一致抗戰奔走。任國民黨中央監察委員和國民政府委員。一九三九年四月在成都病逝。

⑭鄒海濱（一八八五—一九五四年）：原名鄒澄生，後名魯，字海濱，廣東大埔人，民國著名政治家。一九〇八年，鄒魯與朱執信策劃廣州新軍起義，一九一一年，武昌起義後，鄒魯與朱執信、陳炯明、胡漢民於廣州起義。一九二三年，孫中山電胡漢民、鄒魯等五人暫

行總統府職權，鄒魯出任財政廳長。一九二四年，任國立廣東大學（現中山大學）首任校長。一九二七年退出政壇，出遊歐美。一九二九年回國，從微明先生學太極拳。一九三二年，邀微明先生赴廣東傳授太極拳，開創太極拳入粵之先風。著有《中國國民黨黨史》《回顧錄》《教育與和平》《鄒魯文集》《鄒魯文存》。

⑮余伯陶（一八七二—一九四五年）：字德塤，號素庵，安徽歙縣人。一九〇〇年移居上海，在九江路開設診所。一九〇四年與陳秉鈞等共創上海醫學會於小花園，辛亥革命爆發後，發起組織「醫界助餉團」資助革命。一九一四年北洋政府排斥中醫，率先向全國中醫界發出呼籲，聯合十九個省市代表組成「醫藥救亡請願團」，迫使北洋政府收回成命。著有《疫病集誌》《鼠疫治法》《急救便覽》等書。

⑯黃太玄（一八六六—一九四〇年）：字履平，號劍秋，自署玄翁，求物治齋主人等，室名今野史亭，黃山人。作家，文章散見民初《大共和日報》《小說時報》《大衆》等。擅書畫，精辭藻，師從張裕釗。曾為劉三勘訂《黃葉樓遺稿》，為吳杏芬作《唐母吳太夫人家傳》，為錢名山作年譜。當時滬上被公認在書畫居文筆最好的人，書畫家每有文字之需，或多有求於他。為微明先生《太極劍》作序。

⑰錢瘦鐵（一八九七—一九六七年）：名崖，字叔崖，號瘦鐵，以號行。中國畫會創始人

之一。擅長書畫、篆刻，山水師法石濤，與吳昌碩(苔鐵)、王冠山(冰鐵)，譽稱「江南三鐵」。

⑱李木公(一八七八——一九四九年)：名國松，字健父，號木公，一號槃齋。安徽合肥人，係李鴻章之弟李鶴章孫，雲貴總督李經義子。初為馬通伯弟子，後又投門陳散原，與陳病樹、袁伯夔合稱「陳門三傑」。李博雅好古，沉溺古文，曾藏書萬卷並多蓄版碑舊拓、書畫名跡。舊藏之《瘞鶴銘》拓本，今為上海圖書館鎮館之寶。著有《法言章義》《肥遁廬文集》等。名錄中李蜚君，名國筠，係李木公舍弟，李駿孫、李竺孫、李榴孫皆為子侄輩人。

⑲任尚武(一八九五——一九九二年)：名理卿，湖南湘陰人，任弼時的堂叔。我國第一代紡織專家，傑出的紡織教育家。一九二三年庚款留美回國，一九二四年任受聘為上海裕興洋行工程師，後又受聘上海統益紗廠任總工程師其間，寓居滬上，從微明先生學習太極拳。名錄中袁仲齋、杜恩湛、金輯五、金藻文、錢履慶等，皆係上海統益紗廠高級管理。

⑳周業勤：中興煤礦公司經理。名錄中周孝淵、周孝芬女士、周孝傑、周孝卓、周孝恭等均係其子侄輩人。周孝芬後從葉大密老師習練武當對手劍。一九二七年四月二十六日《申報》致柔拳社近訊稱：「七浦路二百八十八號致柔拳社，由陳微明君創辦，業已兩年。社員日漸增多，其中練習太極拳較久者，已能圓轉自如，頗為雅觀。察其運動之法，專尚務軟，於養生實有莫大之利益。聞有中興煤礦公司經理周業勤君之女公子，年十七八，本有精神衰

弱之病，練習數月，精神漸好。此可見太極拳術之有益於身體，而於女子尤為相宜云。」

「周業勤君之女公子，年十七八」，蓋指周孝芬。

㉑黃膺伯：該係「黃膺白」之誤。黃膺白（一八八〇——一九三六年），名郛，字膺白，號昭甫，浙江上虞人。民國政治家，畢業於日本東京振武學校，係蔣介石盟兄。曾任北洋政府代理內閣總理，並攝行總統職權。歷任北伐軍兵站總監、上海特別市首任市長、外交總長等。名單中的黃膺白夫人，沈亦雲（一八九四——一九七一年），名性眞，又名景英，浙江嘉興人，一九〇六年七月考取北洋女師範學堂。辛亥革命後，她和葛敬誠等人在上海組織女子北伐敢死隊。陳其美在《申報》曾載文贊之：「女子之身，有慷慨興師之志。軍歌齊唱，居然巾幗從戎；敵愾同仇，足使裙釵生色。」其時，黃膺白任上海特別市首任市長。黃伯樵任上海特別市公用局局長，他的夫人鄭仲完，天津北洋女子師範畢業，與沈亦雲同為女子北伐敢死隊成員。朱炎之，時任上海特別市土地局長。數人一起從微明先生習練太極拳。

㉒葛敬恩（一八八九——一九七九年）：字湛侯，浙江嘉興人。與龔寶銓、計宗型等同學於秀水學堂，一九〇三年春，考入浙江武備學堂，一九〇七年與吳思豫等加入同盟會，一九一一年參與領導了杭州、南京光復。民國臨時政府成立，任兵站交通部長。時任國民革命軍總司令部參謀處長、國民政府軍事委員會參謀廳長。

㉓孫嘉祿：庚款留學生，與顧維鈞同學於美國庫克學院。時任滬杭鐵路機務總管、津浦路機務處長、上海市營造工業同業公會主任等。名單中的孫嘉德蓋係其胞弟。

㉔黃秀峰：時任中央銀行發行局副局長。

㉕陳元伯：該係「陳元白」之誤植。陳元白（一八七七——一九四〇年），民國軍政界的著名佛學居士。原名裕大，字符伯，又名裕時，皈依佛門，法號元白。湖北宜昌人。隨太虛抵上海，約章太炎、王一亭、劉仁航等名宿，成立佛學研究團體「覺社」。

㉖趙炎午（一八八〇——一九七一年）：名恒惕，字夷午、彝午，號炎午，湖南衡永人。同盟會會員，歷任湘軍總司令、湖南省省長、國民政府軍事委員會上將軍事參議官、總統府國策顧問、資政等。佛學居士。

㉗常惺（一八九六——一九三九年）：高僧。俗家姓朱，法名寂祥，字常惺，江蘇如皋縣人。中法戰爭期間，在昆明成立「雲南四衆念佛會」，以念佛會的僧俗善信組成救護隊，隨軍在戰地救護傷患，一九二八年取道廈門回到上海，其時上海名流居士趙炎午、陳元白、李隱塵、董和甫等，請剛剛從由日本高野山學東密歸來的持松法師，借覺園開壇傳授眞言儀軌，依持松法師修學密法，受密教灌頂。名單中的陳元白、趙炎午、歐陽正明、常惺、持松等，皆在修學密法期間，從微明先生習練太極拳。

㉘許世英（一八七三——一九六四年）：字靜仁，號俊人，安徽秋浦人。歷經晚清、北洋、民國三朝，宦遊六十餘年，曾任民國國務總理，一九二六年辭任總理，寓居上海，參與組織反孫傳芳的蘇浙皖聯合會，期間從微明先生習練太極拳。

㉙趙鐵橋（一八八六——一九三〇年）：原名猷，又名式金，四川敘永人。同盟會會員。時任國民政府建設委員。一九三〇升任招商局總辦被王亞樵暗殺。

㉚許崇智（一八八六——一九六五年）：字汝為，廣州人。同盟會會員，歷任民國軍政府陸軍總長、中央軍事部長、廣東省政府主席等。一九二九年遊歷歐美後，寓居上海其間，從微明先生習練太極拳。

㉛簡玉階（一八七七——一九五七年）：廣州南海人。與其兄簡照南共創南洋煙草公司、創建功德林蔬食處等。名單中的簡竹軒、簡竹堅、簡竹漪、簡仲舉、簡元佑等，皆係子侄輩人。微明先生有詩《贈簡竹軒竹堅》云：「南海簡家好姊妹，受業竹居今名儒，經學淵源九江法，著述嚴謹資楷模。門前桃李自殊衆，舉止溫文嫻且都。昔年從我習拳技，三月南去忽分殊。錦字時通不予棄，情意深切詞婉紆。」

㉜何芳圃：杭州人，日本三井洋行中國買辦，在滬上獨資開設商號「何炎記」。家住上海西藏路五〇四號。名單中何識昌、何漢昌、何鑽星、何錫昌、何息盧、何俊良皆係其子侄

輩人或家丁。

蘇州分社社員姓名錄

顧孟明　沈伯銘　陳侃雍　葉鏡澄　葉景澄　施鈍夫　錢受臣
陸仰蘇　王贊侯　張燮明　陸節卿　嚴伯虞　洪仲舒　陸彥龍
曾松年　顧泰來　湯敏先　沈梅孫　沈慶年　吳垂基①　居吉庭
宗子愷　吳詩初　張旭庭　沈宗南

第三屆畢業姓名

翁壯明　李衡三　周孝芬　梁鈞疇　李石華

第四屆畢業姓名

徐文甫　陳鐸民　趙祥慶　徐梅卿　張士德　方寬容

第五屆畢業姓名

應厚倫　蔡和璋　郁敬德　楊佑之　陸書臣　秦曙聲

第六屆畢業姓名

朱星江　呂瑞庭　王廉方　金養田　全嗣龍　楊也喬　何瑞國　萬甡先②

【注釋】

①吳垂基：「吳兆基」之誤，蓋「兆」字行草，在手寫體中，易誤認作「垂」。吳兆基（一九〇八—一九九七年），字湘泉，湖南漢壽人，一九一二年隨父母遷居蘇州，一九三一年畢業於東吳大學，一九四一年在蘇州創辦私立「肇基中學」，更名為「吳縣縣立第二中學」。一九五五年後調江蘇師範學院（今蘇州大學）數學系任數學教授。幼承家學，喜好琴瑟笛簫，一九二〇年隨其父吳蘭蓀，參加周夢坡之晨風廬琴集，拜識諸派操縵名手，傾慕吳浸陽之琴藝，遂執贄拜入其門，琴風融川、熟二派之長，瀟灑恬逸，質樸古淡。一九八二年與姑蘇琴家徐忠偉、葉名珮、裴金寶等發起創立吳門琴社。自幼愛好武術，一九二八年隨微明先生習練太極拳，後又拜李香遠為師。自創「歸眞太極拳」「三元氣功」。將太極拳氣功與古琴操縵相融通，撰寫《太極拳與古琴》等文。

②萬甡先：微明先生鄉友萬印樓（一八八三—一九四三年）之子，與上文社員名錄中「萬競先、萬冊先、萬甡先、萬茲先」，皆係同胞兄弟。萬印樓，諱昭廣，字印樓，曾從讀於微明先生之從兄陳曾望。光緒乙巳年，以知府需次浙江，丁母憂歸。其父萬中立，光緒甲

午舉人，出任江蘇道員，收藏古彝器、漢魏石經盛富。萬印樓長子萬赫先，過繼於堂兄萬昭度（一八七五——一九三一年）。萬喆先、萬從先、萬競先早逝，萬甡先、萬冊先、萬玨先、萬茲先、萬並先，皆求學國外，得博士碩士學位。微明先生《萬君印樓贈羅漢冊子為予五十生日詩以謝之》云：「令子荀龍四五輩，氣息純厚俱可喜，朝夕從我習拳技，江湖鬻食不予鄙。」借東漢荀季和八子如龍，以喻萬氏八子。

廣州分社姓名錄

梁勁予① 陳少鶴 鍾鈞梁 潘樞潤 翁重仁 翁廷威 路立綸 祁開仁
祁開仁 李子鳴 莫 鳴 符春熙 林 洪 呂 韶 何 魯 余桂聯
江澤霖 梁仕照 簡英傑 蘇星鐙 梁邦堯 胡雲倬 郭天揚 孫承洽
成符孟 鄧君碧 陸秀山 區梓庭 呂舜文 陶毅夫 周勛臣 梁柱流
陳曾珠 林 雄 成嘯田 陳益南 何日如 趙公璧 黎心彥 陳國榦
霍楚夫 趙顏芝女士 趙顏愛女士

【注釋】

①梁勁予（一九〇七—二〇〇三年）：名從業，號思庵，廣東臺山人，自幼習少林拳，隨傅振嵩習龍形八卦掌及器械。一九三二年，陳微明應鄒海濱之請，赴廣州授拳，梁慕名而師事之，一九三三年隨師回滬，入致柔拳社。其間從名醫石筱山學傷外科。一九三八年還居澳門，創立環中太極拳社。一九四八年移居香港，成立香港環中太極拳社，一九八五年離港移居美國。微明先生有《送梁君疇歸廣東》詩云：「梁君慷慨士，雄邁過萬夫。壯習少林術，老為武當徒。雖愈耳順年，鬚髮黑勝烏。過從三寒暑，拳劍得楷模。角術對壯佼，盛氣未肯輸。豪飲人畏避，舉觴恣酣呼。每會有君在，滿座為歡娛」，晚年又撰文稱他：「天性純厚，能不變又能勤練餘之所傳……余老矣，雖從學者不下數千輩，而能成者絕少，此不得不望之於生也」，期盼殷切可知。

廣州公安局

李節史　葉若霖　吳韻松　駱鳴鑾　馮焯勳　關　民　劉秉綱　葉啟芳
方書彪　王英儒　陳紀元　韋汝聰　黃孝餘　駱俠生　王堯勛　馮鶴蓀
韋樹屏　袁雪岩　伍少裴　陳燕樵　伍博愛　李錫明　王孝若　陳惠宣

覃燕樵　黃侶瑚　伍　蕃　梁耀祖　王挺喬

廣州總司令部

雷　鳴　曾　強　朱　式　馬　佩　曾如柏①　陳王昆　馮定一　龍在田
黎國才　鄧慶鏕　唐灝青　溫泰華　陳克勤　李傳唐　梁孝繩　梁端寅
田渭濱　劉炎蕃　葉在琛　葉植南　饒漢杰

【注釋】

①曾如柏：名昭然，廣西奉議（今田陽縣）人，幼承家學，弱冠攻法律，獲德國國立馬堡大學法學博士學位，供職廣西省教育廳，後任廣東法學院院長等職。一九三二年從微明先生學習太極拳。一九三四年，促邀楊澄甫南下廣州教拳，從楊澄甫、楊守中學拳。一九六〇年編著《太極拳全書》。

廣西第四集團軍辦事處

粟豁蒙　龐宜之　闞宗驊　何致榮　唐崇慈　王遜志　陳嗣鑄　劉雲韶
中山大學四百餘人

致柔拳社簡章

本社取老子「專氣致柔」之意，命名曰致柔拳社。

本社教授內家拳術、劍術、槍術，以流傳國技，注重養生為宗旨。

凡性情和平，有恆心者，可入社學習，為本社學員。

本社以太極拳為基本教授拳術，願學者必須報名繳費，本社同人方能教授，以示平等待遇，且免破壞本社之基礎。

專為卻病養生者，一年卒業，求體用兼通可作師範者，三年卒業。

凡來學者，分甲乙丙丁四種：甲、每星期學習六次；乙、每星期一三五，或二四六學習三次；丙、每星期學習二次；以上三種，星期日休息。丁、每逢星期日學習一次。

教授時間：上午七時至九時，下午四時至六時。

甲種學員：每月納學費十元，第二年每月納學費八元，第三年每月納學費六元；

乙種學員：每月納學費六元，第三年每月納學費五元，第四年以後每月納學費四元；

丙種學員：每星期內來學二次者，每月納學費四元，第四年以後每月納學費三元，以為有恆者勸。

如在未卒業期內，甲種欲改為乙丙丁種，乙改為丙丁，丙改為丁者，不適用逐年減費之例。

丁種學員，逢星期日來學者，或每星期內來學一次者，每月納學費二元。

甲種學員以到社之日計算，滿三年卒業。乙丙丁三種學員，以到社之日計算，滿三年卒業（每年除休息日以三百日計算）。

每月學費，必須按月先繳。

卒業之後，由本社考驗合格，給以憑證，將姓名登報宣佈。

未卒業，及未經本社考驗合格，不得在外教授及表演本社所授拳術，以敗壞本社名譽。

約至外間教授者，另有簡章。
如有願贊助本社經費者，作為本社名譽社員。
已繳學費，自不來者，學費概不退還。

社長　陳微明
名譽社長　關炯之
教授　陳志進①

【注釋】

①陳志進：生卒不詳。田兆麟老師早年的弟子，後也從楊澄甫老師學拳，一九二七年十一月，劍仙李景林來上海，葉大密老師約陳微明與陳志進一同向李景林學習武當對手劍法。陳志進美髯飄逸，掌大如蒲扇，一副仙風道骨相。陳微明《太極拳術》合步推手七幅照片、大攌第三、第四幅照片中，白衣美髯者，就是陳志進。當年上海拳界，昵稱他為「陳大鬍子」。衆多的楊家師兄弟中，幾無人能逃脫陳大鬍子的「按勁」。抗戰全面爆發後，陳購置廬山別墅，離開孤島上海，過起漁樵耕讀的隱居生活。臨行，與葉大密老師道別，兩手又作手談。就這一次，陳大鬍子的按勁怎麼也不能在葉老師身上發揮其威力來。陳大鬍子爽朗地

笑了：「伯齡，你的功夫大進啦！」抗戰結束後，經多方打聽，從廬山傳來的消息說有一鬚髯道士，墜落山崖致死。葉大密老師說，沒想到自此一別，竟成永訣！微明先生也是在其過世後三年，才知其死訊，有詩曰：「陳君共事久，率眞冗坦豁」「哀聞墓宿草，死生永契闊」。

致柔拳社出外教授簡章

本社自開辦以來，不過年餘，入社者已達數百人，沉痾者得起，委靡者復振，而外間約請往教者，亦有多處，以時間未能分配竟，有未敢應允者，良用慊然，本社提倡太極拳術，以其與養生實有絕大之功效，故於前定簡章，特標「有恆」二字，蓋非一朝一夕之功也。今以學者約往教授，或有一月半月即停止者，本社同人徒勞往返，而他處願學者反以無暇謝絕，曠日費時，兩無所益，今特定出外簡章，約者如能遵行，非特本社之幸也。

○出外教授，必須正式具函約請，聲明遵守本社定章，簽名蓋章以示鄭重。

○定章本以三年卒業，專為養身者，一年卒業，出外教授事同一律，惟最少期限須在六個月以上（以一百八十日計算）。

〇本社定有教授程式，學者須按照程式學習，不得躁急。

〇出外教授，須在六人以上，如六人以下，亦須照六人繳費，六人以上照加。

〇每日學習者，每人每月學費十元。一星期內學三次者，每月學費六元。一星期內學二次者，每月學費四元。每星期一次者，每月學費二元。

〇學費必須按月先交。

〇道路太遠，電車不通之處，每日學習者，每月加車費八元。間日學者，加車費四元。一星期二次者，三元。一次者，二元。

〇六個月屆滿，繼續或停止，須前十日通知本社。

〇教授時間，每次約一小時。鐘點隨時商定。

〇本社教授惟（微明、志進）二人擔任，並無第三人在外私相傳授，茲為對外教授之責任與名譽，及本社內部之誠信起見，不得不鄭重聲明。故出外教授，必須按照第一條正式函約，經本社復函應允者，方為有效。

社長：陳微明
教授：陳志進　共訂

致柔拳社三年畢業課程

本社創辦以來，於茲二年有餘，入社者不下八九百人，然有恒心及不間斷者，不過數人而已，其餘均來去無常，或作或輟。雖學者宗旨各有不同，然恐數年之後，成就絕少，於微明創辦茲社，流傳國技之初心，殊有未合。細察現今學員，頗不乏真實求功夫者，特定教授課程，分年教授，三年畢業，列之於右：

甲種：

第一年級：太極拳　不動步推手　太極劍

第二年級：太極長拳　動步推手

第三年級：大擸散手　對劍　太極槍

每一年除星期及年節假期外，以三百日計算乙丙丁俱照規定到社之日期計算，均以滿三百日為一年。若三年之內，改動種類，亦須按照規定之日期計算，若滿一年（即三百日），方能授第二年課程，滿二年方能授第三年課程。

本社設有畫到簿，以憑計算到社之日期。除甲種每日畫到外，若乙丙丁三種於規定到社日期畫到，若有時欲借本社練習者，不必畫到。

本社學員，三年學習期滿，考驗合格，照章即予畢業。畢業之後，將姓名登報宣佈。作為本社社員，以後來社研究，不再取費，惟應繳之學費，必須按照章程繳足，方能畢業。

說　明

王宗岳先生《太極拳論》云：「數年純功或不能運化」，可見太極拳運化之難。三年畢業，乃至短期限，不過知其規矩準繩耳。第一年太極拳為基礎，習之一年，則姿式不差，腰能轉動，不動步推手亦練腰也。第二年太極長拳，則動步時，多兼練步之靈活，動步推手亦練步也。太極拳習之爛熟，方能學長拳，不然恐彼此牽混而雜亂矣。第三年大攦，求四隅之變化，散手以應敵，太極拳之規矩盡此矣。

神而明之，則存乎其人。甚望繼起者，能發明而光大之也。太極拳姿式不差，即可學劍，故列之第一年。太極槍及對劍，非動步推手純熟不能學，故列之第三年。

丁卯秋八月　陳微明識

國家圖書館出版品預行編目資料

陳微明太極答問 ／ 陳微明　著
——初版，——臺北市，大展，2017〔民106.07〕
面；21公分 ——（武學名家典籍校注；4）
ISBN 978－986－346－170－8（平裝）
1.太極拳
528.972　　　　106007316

陳微明　太極答問

著　　者／陳 微 明
校 注 者／二 水 居 士
責任編輯／王 躍 平
發 行 人／蔡 森 明
出 版 者／大展出版社有限公司
社　　址／台北市北投區（石牌）致遠一路2段12巷1號
電　　話／（02）28236031・28236033・28233123
傳　　眞／（02）28272069
郵政劃撥／01669551
網　　址／www.dah-jaan.com.tw
E-mail／service@dah-jaan.com.tw
登 記 證／局版臺業字第2171號
承 印 者／傳興印刷有限公司
裝　　訂／眾友企業公司
排 版 者／弘益電腦排版有限公司
授 權 者／北京科學技術出版社
初版1刷／2017年（民106）7月

定 價／350元

大展好書　好書大展
品嘗好書　冠群可期

大展好書　好書大展
品嘗好書　冠群可期